地理上的经济学

宏观数据

Geography OF Economics

［日］宫路秀作 著
王紫嫣 译

ZHEJIANG UNIVERSITY PRESS
浙江大学出版社
·杭州·

图书在版编目（CIP）数据

地理上的经济学. 宏观数据 /（日）宫路秀作著；王紫嫣译. -- 杭州：浙江大学出版社，2025. 5.
ISBN 978-7-308-25919-4

Ⅰ. F119.9

中国国家版本馆CIP数据核字第2025SA1790号

KEIZAI WA TOKEI KARA MANABE!
by Shusaku Miyaji
Copyright ©2025 Diamond, Inc.
Simplified Chinese translation copyright ©2025 by Zhejiang University Press Co.,Ltd
All rights reserved.
Original Japanese language edition published byDiamond, Inc.
Simplified Chinese translation rights arranged with Diamond, Inc.
through Eric Yang Agency. Inc

浙江省版权局著作权合同登记图字：11—2024—252号

地理上的经济学. 宏观数据
（日）宫路秀作 著 王紫嫣 译

责任编辑	张　婷
责任校对	朱卓娜
封面设计	violet
出版发行	浙江大学出版社
	（杭州市天目山路148号　邮政编码310007）
	（网址：http://www.zjupress.com）
排　　版	杭州林智广告有限公司
印　　刷	杭州钱江彩色印务有限公司
开　　本	880mm×1230mm　1/32
印　　张	9
字　　数	214千
版 印 次	2025年5月第1版　2025年5月第1次印刷
书　　号	ISBN 978-7-308-25919-4
定　　价	68.00元

版权所有　侵权必究　印装差错　负责调换
浙江大学出版社市场运营中心联系方式：0571-88925591；http://zjdxcbs.tmall.com

译者序

本书作者宫路秀作是日本有名的金牌地理讲师。他有一句广为流传的名言："地理，就是地球的道理。"

在日本，高中升大学的过程主要包括全国统一的"中心考试（共通考试）"和各个大学自行组织的"校内考试"两个阶段。宫路秀作作为地理名师，既担任了"共通考试""东京大学入学考试"等应试课程，也开设了"All About 地理"，"从世界遗产学地理"等趣味性较高的课程。因为授课内容有趣又易懂，把许多原本需要死记硬背的地理知识的原理讲得深入浅出，深受学生和家长的好评。也凭借作为地理老师打响的名头，得以参与其他的地理科普活动，撰写书籍，登载报刊专栏，参加广播节目，举办现场讲座，制作视频网站等。

2017 年，宫路秀作出版了畅销书《経済は地理から学べ！》，其中文版《地理上的经济学》由浙江大学出版社出版。该书从地理的视角解读了世界经济是如何形成的。虽然主要面向备考的高中生，但因内容通俗易懂又富有独特见解，在日本市场反响热烈，吸引了众多成年读者。很快就重印至第七版，并被翻译引进多个国家和地区。

本书是前述畅销书的续作，依然用地理的视角阐释了各种经济现象的成因。不同于前作的是，本书更多使用具体翔实统计数据来论证观点。以统计数据为切入点，更加具体生动地阐述了世界各地的各种地理因素是如何产生的，这些地理因素又是如何影响经济的。这些经济现象，既包括较为宏大的议题"日本老龄化是如何变化的"，也包括更贴近生活的"为什么日本超市冬天可以买到南瓜"。相信许多读者脑海中原本拥有的模糊印象，可以通过阅读本书获得更为清晰的整体画像。也有一些对经济现象先入为主的错误或者陈旧观念，可能可以通过本书的阅读得到更新。

本书的作者和最初的读者都说日本人，许多解说也会以日本人的常见知识观念为背景。例如关于世界经济的解说可能最终会落脚在日本的实际情况、日本的现实对策、日本与国际形势的比较等方面。日本读者可以对比本书的讲解和自己日常的观察有更切身的体会，而中国读者可能会对这些日本经济生活的常见现象感到困惑和迷茫。又如许多日本人可能根深蒂固地以为日本的经济体量是仅次于美国的世界第二位，而事实上日本在经历了20世纪80年代末到90年代初期的辉煌后，已经在GDP、贸易额等指标中大幅落后于中国。本书旨在打破这些固有的错误观念，为读者带来经济上的真相。

日本作为中国一衣带水的邻国，既有其独特的地理风貌和社会价值体系，又有许多与中国相似的文化根源，在经济发展的过程中也有许多值得中国借鉴的成功或失败的经验。虽然不足以弥补各国读者固有知识差距，但我在翻译过程中，对日本社会中常见而我国读者可能不熟悉的经济现象和固有观念尽力补充了一些译者注解。希望大家在学习地理、经济、统计的相关知识的同时，也能对日本的经济观念和社会认知有更好的理解。

本书在日本出版于2021年，尽管作者在写作时尽力引用了最新的统计数据，但由于各章节成书先后和各项统计发布时间的不同，所引用数据多为2017—2020年间的数据。由于本书中引用的统计数据极大地决定了正文的论述内容，在翻译中我们并没有更新这些数字。我在2023年接手了本书中文版的翻译工作，而翻译成稿后，编辑、排版、校阅、出版发行，也会花费一段时间。当中国读者见到这本书时，距离作者写作时可能已经过了六七年的时光。在此期间，全球经济格局与作者写作时已经有了许多翻天覆地的变化：新冠疫情暴发并持续影响；疫情导致全球供应链危机；美国政治变化带来经济政策的重大变化；中美贸易局势愈发紧张；人工智能技术快速发展，等等。所有这些重大事件在本书成书时都难以预测和很难想象，使得许多从前的统计数字可能不再能准确描述当下的世界经济情况。

虽然本书介绍了许多统计数据，但相比于数字本身，我更希望读者们可以通过阅读本书，学会如何理解数字与数字间的关联，如何通过数字解读经济现象，又如何通过经济现象理解日常生活中的实际体验。在感兴趣的章节，读者朋友们可以查阅最新的统计数据，看看本书成书后的这些年又发生了什么新的变化，和自己的体感是否一致。在一些以日本生活为背景的章节，也可以去查一下中国的相关数字是怎么样的，是否有和日本相似的倾向，为什么是，或者为什么不。

希望中国的读者朋友们也可以通过本书理解并欣赏地理、经济和统计之间的密切关系。无论您是学生还是成人，是否有地理和经济学相关的背景，都能从本书中获得启发和乐趣。

王紫嫣

2025/1/27

通过统计数据，就能看到真相

我们所见所闻的统计数据强烈反映了时代的形势和趋势。统计可以说是"经济活动的结果"。只要了解了统计，就可以深入理解更多有关经济的"为什么"。

统计虽然看起来是一个个枯燥无味的数据，但正是这些数据的结合创造了"故事"。用地理学的术语来讲，这些"故事"则被称为"景观"。

"景观"一词的英语是landscape。拆分这个词可以得到land（土地）和scape（风景）。

通过拆解数据，追问、细思"为什么"，就可以理解世界运行的方式和道理。

不要死记硬背统计知识，而要去接近、去探求背后的景观。

这就是本书的目标。

那么，"景观"究竟是什么呢？

首先，请你试着回答下面这五个问题。

 你有自信回答正确吗？

问题1 日本的贸易额排在世界的第几名？（2019年）

A 第二名

B 第三名

C 第四名

问题2 世界原油产量最高的国家是哪一个？（2019年）

A 俄罗斯

B 美国

C 沙特阿拉伯

问题3 世界汽车生产量最多的国家是哪一个？（2019年）

A 中国

B 日本

C 美国

问题4 世界大米出口最多的国家是哪一个？（2019年）

A 泰国

B 印度

C 日本

问题5 世界进入"老龄社会"的国家有几个？（2019年）

A 16个

B 36个

C 56个

你全部答出来了吗？正确答案分别是，C（第四名），B（美国），

A（中国），B（印度），C（56个）。

下面就来简单介绍一下这些问题背后的"景观"。

【问题1的回答】

日本的贸易额排在中国、美国、德国之后，是全世界的第四名。许多日本人可能会认为"日本排在美国之后是世界第二"！但这已经是过去的事了。日本的贸易额虽然也有轻微增长的趋势，但已经被增长量更大的中国和德国赶超，现在掉落到了第四名。与第五名的荷兰也仅有微小的差距。（详见本书092页）

（译者注：2023年日本的贸易额已经落后于荷兰，排在第五名）

【问题2的回答】

在很长一段时间里，世界原油产量都是由俄罗斯和沙特阿拉伯两个国家占据前列，但"页岩气革命"之后，美国在这方面已经成为世界第一名。美国从原油进口国转变为原油出口国，也实现了"去煤炭化"的转变。（详见本书062页）

【问题3的回答】

随着粗钢生产量的增长和经济腾飞带来的购买需求扩大，中国已经成为全球汽车生产量无可置疑的第一名。中国在这方面成为世界首位是在2009年，已经是十余年前的事了。现在，中国也是主要的汽车出口国。（详见本书140页）

【问题4的回答】

在很长一段时间里，大米出口量最高的都是泰国。印度由于"绿色革命",大米的生产量增加,实现了自给,并于1990年转变为出口国。此后印度的大米产量继续增长,现在已成为世界最大的大米出口国。(详见本书176页)

【问题5的回答】
　　全世界正在迅速老龄化,"老龄社会"(65岁及以上的人口比例超过14%)的国家和地区,实际上已经有56个了。其中日本的65岁及以上人口比例是世界最高(28%)的,全世界都在关注日本的老龄化对策。(详见本书024页)

 通过了解统计,就可以接近"经济的真相"

　　本书的目的是从"人口""资源""贸易""工业""农业""环境"等六个角度着眼,展示不为人知的统计数据,尽力接近和还原经济的真相。我们还将切入目前备受关注的可持续发展目标(SDGs)议题。

　　大家在读小学时,应该在"历史"或者"地理"的课上,死记硬背过许多统计数据。我正是在小学学到了"大米出口最多的国家是泰国"。然而正如我们前面讲过的,在这方面印度已经超越了泰国。世界各国的人口、资源的产量、工业品的生产量、谷物的进出口量等,各种各样的统计数据每天都在发生变化。要捕捉住"景观",需要正确了解最新的知识。希望各位读者通过本书可以更新自己的知识。

　　要想正确理解经济,比什么都重要的就是"作为基础的统计"。通过观察统计数据的戏剧性变化,经济也会一下子变得有趣起来。

　　现代世界是由许多社会组成的集合体。在这些社会中,人们为了个人生活的幸福、社会的幸福、国家的幸福,喘着粗气夜以继日地努力工作着。而这一切的结果,正是统计数据。我们不应该去死记硬背统计数据,而要去感受那些喘着粗气的人们炽热的气息。本书要追逐的正是统计数据背后藏着的、人们的经济活动的细节。

当您读完本书时,希望您能够将迄今为止在头脑中散乱的知识整合起来,形成"一幅完整的图画"。到那个时候,各位读者就离"经济的真相"更近一步了。请您期待那一刻的到来。

地理上的经济学．宏观数据 目 录
Geography of Economics　　CONTENTS

序 章
理解经济的"6个视点"

No. 01 少子老龄化会为世界带来什么？　　002
No. 02 经济是"土地和资源的争夺战"　　004
No. 03 唯一的生存之道就是磨炼自己的"优势"　　006
No. 04 从"产业革命"来解读世界的未来　　008
No. 05 工业发达国家也是农业发达国家　　010
No. 06 经济发展和可持续发展的两立　　012

第1章
人口与数据——残酷的未来与挑战

No. 07 从人口的角度解读"今后会成长的国家和地区"　　016
No. 08 预测经济离不开"劳动者的比例"　　020
No. 09 用数据来揭示世界的"超老龄化"　　024
No. 10 少子化在日本急速发展的两个理由　　027
No. 11 亚洲和欧洲的比较！人口增加的原理　　030
No. 12 由GNI解读人口小国的优势　　032
No. 13 与经济发展相关的"人口转型"是什么？　　035
No. 14 世界劳动生产率最高的国家是哪个？　　038

No.15 在技术变革中失业的，不是中老年人而是年轻人　040

No.16 席卷巴西的"新兴国家少子化问题"　043

No.17 石油国家避免少子老龄化的独有战略　045

No.18 为增加劳动力，应不应该欢迎移民？　047

No.19 难民的真相——难民与经济的关系　051

第 2 章
资源与数据——愈演愈烈的争夺战

No.20 从"出口余力"解读资源战争　056

No.21 "原油将在 30 年内枯竭"是真的吗？　059

No.22 美国已成为世界最大的原油生产国：今后的展望　062

No.23 煤炭和天然气的优势在于"稳定供应"　065

No.24 "页岩革命"是如何改变资源战争的？　067

No.25 不依赖石油的国家采取了什么战略？　070

No.26 隐藏的资源大国在哪里？　072

No.27 植物油的争夺战已经开始　075

No.28 日本正面临的"木材争夺战"是什么？　079

No.29 日本是世界第五大可再生能源国家　082

No.30 南美和非洲森林破坏的原因　086

第3章

贸易与数据——透露出国家间的考量

No. 31	贸易的基础：进军国内还是国外市场？	092
No. 32	"从美国转向亚洲"：日本的生存策略	095
No. 33	通过数字理解"美国优先"的历史	098
No. 34	世界工厂——中国的优势和劣势	102
No. 35	繁荣的国内市场，东盟的崛起	105
No. 36	为扩大区内利益，欧盟有哪些考量？	107
No. 37	从农业国转为工业国！马来西亚的生存战略	109
No. 38	1960年与2010年的比较！澳大利亚与世界经济	112
No. 39	瑞士布下的"外汇战争"是什么？	116
No. 40	在技术贸易中赚钱和亏钱的国家有什么区别？	119
No. 41	从进口向出口的转型——韩国的产业变迁	122
No. 42	从"直接投资"来解读日本和亚洲的联结	125
No. 43	经济全球化——为什么要对发达国家进行投资	128

第4章

工业与数据——世界工厂的前路

No. 44	支撑金砖国家经济发展的"两个共同点"	134
No. 45	硅谷发展的合理背景	136

No. 46 汽车之争——中国 vs 印度	140
No. 47 法国成为世界最大汽车出口国的理由	143
No. 48 今后汽车销量好的国家和销量差的国家	146
No. 49 日本、中国、韩国——三足鼎立的造船业	148
No. 50 亚洲独占鳌头！集装箱吞吐量增加意味着怎样的未来？	151
No. 51 海洋国家的竞争——船籍业务的基本策略	153
No. 52 国营还是民营？向美国学习铁路商业化	156
No. 53 产业机器人和汽车的密切联系	158
No. 54 从常规武器的进出口来解读世界的紧张局势	160

第 5 章

农业与数据——人类能生存下来吗？

No. 55 世界粮食状况——有余力才可以出口	166
No. 56 世界三大谷物：大米、小麦、玉米的特征	169
No. 57 经济与家畜——牛、猪、羊和人的关系	171
No. 58 欧洲的肉食文化是农业发达的结果	174
No. 59 印度成为世界最大的大米出口国的理由	176
No. 60 世界人口与谷物产量成正比	179
No. 61 水资源今后会怎样——急增的工业用水	181
No. 62 南瓜告诉你：经济与气候	184
No. 63 日本应当全力推进的对策"食物里程"与"地产地消"	187

No.64 弥补劳动力不足——农业领域的第四次工业革命	190
No.65 激怒美国的欧洲农业政策是什么	192
No.66 农业大国印度的地理优势	194
No.67 俄罗斯成为谷物出口国的曲折之路	197
No.68 越南的大米出口量激增的原因	200
No.69 通过茶叶的栽种了解殖民地贸易的历史	203
No.70 导致非洲食物不足的"花生问题"是什么？	205
No.71 从月季来了解荷兰和非洲诸国的关系	207
No.72 通过渔业可以预测正在发展的国家	209
No.73 日本是世界第二位的水产品进口国	212

第 6 章
环境与数据——上天赋予的地理优势

No.74 厄尔尼诺现象招致的经济危机是什么？	218
No.75 平成时代的"米骚动"和关于"食育"的思考	223
No.76 为什么西亚的土地变得贫瘠？	227
No.77 埃及享受到的世界遗产经济效果	230
No.78 从发达国家转向发展中国家：海外旅行与经济	232
No.79 非洲各国营养不足问题的两个原因是什么？	234
No.80 非洲和欧洲的经济联系和历史	236
No.81 从新城来理解城市·人口·经济的联系	238

No.82 新加坡和马来西亚的汽油攻防战　241
No.83 从二氧化碳来解读今后的经济发展　243

结束语　一个地理老师的所见所感　246
卷末资料　统计越比较越有趣　251
参考资料一览　266

序章

理解经济的"6个视点"

> **本章的主要关键词**
>
> 本章的主要关键词：人口、少子老龄化、出生率、人口抚养比、社会保障制度的维持、资源、中东各国、东南亚、石油危机、出口余力、贸易、产业空洞化、国际分工体系、工业、第四次工业革命、大数据、AI、农业、粮食供应量、智能农业、环境、可持续发展、可持续发展目标、ESG问题、巴黎协定

少子老龄化会为世界带来什么?

从"人口"的视点来思考经济

人口越多,劳动者就越多,产量也就越大。与此同时消费者也更多,所以市场也就越大。如果想展望经济,"人口"的视点是不可或缺的。

第二次世界大战后,世界人口产生了"人口爆炸"级别的急速增长,特别是以发展中国家为中心的人口增长最为突出。1950 年只有 25 亿人左右的世界人口,在 2000 年增长到了大约 60 亿人,50 年间增长了 2.4 倍。如果保持这个速度,2050 年世界人口将增加至 144 亿人。

然而联合国在 2019 年预测:"2050 年的世界人口将达到大约 97 亿人,2100 年左右将突破 110 亿人。"随着发展中国家转变为中等发达国家(中等收入国家),"家庭计划"的观念得到普及,出生率会有降低的趋势。而在发达国家,由少子化和平均寿命的增加带来的老龄化加剧,人口死亡率将会增长,有一天世界将会进入人口减少的社会。

到 2050 年,印度、尼日利亚、巴基斯坦、刚果(金)、埃塞俄比亚、坦桑尼亚、印度尼西亚、埃及这 8 个发展中国家,以及移民众多并以这些移民为中心,具有多子生育倾向的美国的人口增长,将会占据世界人口增长的大半。

在全世界即将进入人口减少社会的大背景下，日本的人口抚养比是1.8∶1，是全世界最高的。

人口抚养比，是指总体人口中非劳动人口（15岁以下和64岁以上的人口总和）与适龄劳动人口（15岁至64岁的人口）之比。这个数值越大，说明能支撑非劳动人口的人数越少。

到2050年，人口抚养比在世界48个国家将大于2。届时，众多的国家将要面对以老年人为对象的公共医疗和社会保障制度维持这个重大课题。

我们要考虑这样的变化对劳动市场和经济状况的影响，并在新的时代创造新的价值。

经济是"土地和资源的争夺战"

从"资源"的视点来思考经济

世界上存在的土地和资源是有限的。资源并不是随着人口增加和经济发展而增加的。正因如此，针对资源的争夺战也一次次展开。

日本是个资源小国，能自给的资源只有硫黄和石灰这样的级别。只靠这些生产工业制品是不可能的。因此，对日本来说，铁矿石及煤炭、石油、天然气等原料和燃料，几乎都是靠进口来覆盖的。铁矿石主要来自澳大利亚和巴西；煤炭主要来自澳大利亚、印度尼西亚和加拿大；石油主要来自沙特阿拉伯、阿拉伯联合酋长国（以下简称阿联酋）、科威特、卡塔尔等中东石油生产国；天然气主要来自澳大利亚和马来西亚。日本必须与这些国家保持良好的关系。

另外，在连接中东各国和日本的航路上，有东南亚诸国。因此，日本也必须和东南亚诸国建立良好的关系。

而且，这些资源出口国是因为有出口的余力才得以出口的，我们也要考虑到随着经济的发展，各国的国内需求增长，出口的余力变小的可能性。

此外，随着中国和印度这样的人口大国的经济发展，这两个国家的资源需求如果增长了，世界市场上的资源争夺战就会变得更加激烈，原材料的采购将不再容易，在与中东无关的地方发生"石油危机"也是很有可能的。

日本森林资源丰富，森林覆盖率高达66%；但日本列岛大约7成面积都是山地和丘陵，砍伐和搬运木材会遇到物理上的困难。因此，日本从加拿大、美国、俄罗斯等国家进口了许多林木资源。

另外，虽然日本的年均降水量约1800mm，水资源非常丰富，但是由于山地和丘陵很多，雨水在短时间内就排入了大海。因此，日本需要适当地修建水坝来确保水资源供给，调节河流的流量来应对大雨的影响。

资源，随着国家固有自然环境的不同，可以利用的量会有所变化。既有能够充分利用自己的地利的国家，也有相对利用程度有限的国家。在采购有限的资源时，必不可少的就是要熟知这样的"背景"。这不只是针对现在，在过去、在未来，这个原则都是不会变的。

唯一的生存之道就是磨炼自己的"优势"

从"贸易"的视点来思考经济

当国内的生产跟不上国内的需求时可以进口，当国内的生产超出国内的消费时可以输出。通过国家之间的贸易，就可以看出这个国家的经济状况。

日本是资源小国，原材料和燃料的国内产量都不能满足需求，所以需要从各个国家进口。此时就产生了成本，因此才要努力提高技术，制造高附加价值的工业制品。

然而，过分扩大出口就会造成贸易摩擦。20世纪80年代，日本和美国的汽车贸易摩擦就是一个很好的例子。因此，日本的汽车企业为了避免出口市场的贸易摩擦，推动了海外工厂的建设。结果，在日本的产品出产量和就业计划减少，形成了"产业的空洞化"。

近年来，国际分工体系得到了发展。国际分工体系是指，世界各国都各自生产自己擅长的领域的产品，再将这些产品互相出口的体系。与在自己国家生产相比，这种方式可以降低成本。在日本，与"面向最终消费需求的出口"相比，"面向中间需求的出口"的比重更大。这也就是说，日本较少担当最终品（完成品）的组装，而是转型成为向其他国家的制造工序提供中间品（零件或机器类）的角色。

这样，日本弱化了"进口原材料加工成工业品再出口"的加工贸易的形象，转变为由日本出口中间品的零件，再进口其他国家生产的完成品。

然而，日本出口的零件变成完成品后，并不是全部都会回到日本。这些由日本出口的零件生产的成品，也有一些出口到第三国，因此，日本的出口实际上也会随着第三国的国内需要变化而增减。

随着经济全球化的发展，人、物、资金、服务都可以跨越国境，随着信息技术的发展，信息传达的时间距离也降为零。全世界的人们都面向同一个方向，在未来的一段时间里，全球的同质化将会持续深化。因此，国内不能生产的东西逐渐变得可以通过进口来补全，国际分工体系也将会得到进一步深化。

从"产业革命"来解读世界的未来

NO. 04

UNDERSTANDING ECONOMICS:
A STATISTICAL APPROACH

从"工业"的视点来思考经济

世界的工业发展起源于18世纪60年代英国的第一次工业革命。当时,由英国的詹姆斯·瓦特改良的蒸汽机得到了应用,工业制品得以昼夜不断地生产。当工业生产超过了需求时,为了销售剩余的工业制品,相关国家就急需开拓新的市场,于是经历了工业革命的国家在世界各地开始了殖民地争夺战。此外,随着搭载蒸汽机的蒸汽船和蒸汽火车的登场,人们得以向远方运送大量物资,正式的贸易也从此开始。

第二次工业革命发展于19世纪60年代后半期。当时经济发展的中心从以煤炭为主要能源的工业形式,转变为以石油和电力为新能源的重工业。美国的发明家托马斯·爱迪生也正是在这段时期发明了电灯(1879年)。大量生产、大量运输、大量消费的时代就此拉开帷幕。尤其是福特汽车生产的福特T型车被视为第二次工业革命的代表性产品。

第三次工业革命发生在20世纪四五十年代。当时随着电子技术和机器人技术的应用,各个行业的自动化都得到了发展。被称为"IT革命"的信息技术带来了社会生活的变革。劳动生产率提高,工业得以将发达国家的高技术水平和发展中国家的低工资水平相结合,在利润最大化的地方展开生产。

第四次工业革命是从 2010 年左右开始的技术革新。物联网（Internet of Things）使得家电产品和汽车等"物"可以直接连接到互联网。"大数据"被人工智能（AI）分析，使生产和服务得到了优化。

在发达国家，第四次工业革命正在发生，下一代技术的研究开发正在进行。

另一方面，新兴的发展中国家正在利用丰富的人口、低工资劳动力和能源、原料等优质资源，吸引发达国家的企业，积极成为制造据点和供应商。如今，不仅是已经成为"世界工厂"的中国，工业生产的最佳立足点也在不断变化，而且整个世界都处在持续变化的进程中。

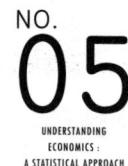

工业发达国家也是农业发达国家

从"农业"的视点来思考经济

人类最初开展农业活动的地方，是在美索不达米亚地区（古希腊对两河流域的称谓）。距今大约一万年前，随着最终冰河期的结束，全球变暖，农业活动也成为了可能。据说，人类最早种植的作物是小麦。

农业开始后，采集狩猎经济期不稳定的粮食供给量变得稳定了，由此，世界人口也开始不断增加。大约一万年前，世界的人口约为500万人；到了公元元年前后，世界人口已增加到2.5亿人。由此我们可以知道，粮食的供应量对人口增加有多么重大的影响。

在没有机器的时代，农业是通过人工完成的，因此生产量很难得到大幅提升。为了确保劳动力充足，就需要多生育孩子。为了确保农业劳动力充足，欧美诸国还将其在亚洲和非洲的殖民地的居民贩卖到其他地区当农业奴隶。此后，随着农业机械的出现和化学肥料的发明，生产力得到了提升。而当农业由少量劳动力即可运转时，工业化开始发展，出生率也开始下降了。世界最早实现工业化的欧洲诸国，也比所有地区都更早地面对少子化的到来。

近年来，人们开始广泛关注被称为"智能农业"的新技术，也就是利用机器人技术和信息通信技术实现高质量农作物生产的新农业。曾经大家都将农业视为重体力劳动而对其敬而远之，但现在，人们的这种印象已经有所改变。人们开始期待新的农业从业者加入，从而继承种植技术，提高粮食自给率，等等。正因如此，先进的工业国家同时也是先进的农业国家，农业也会随着工业的发展而发展。

以西亚的以色列为例，由于国土的南部为沙漠气候，农业活动的开展十分困难。但是，以色列发明了通过管道有效地为农作物供水的系统——滴灌，使得粮食产量得以稳定，支持了不断增长的人口。世界上每天都会有新技术出现来解决问题，这在农业领域也不例外。通过大数据、人工智能和物联网的应用，未来的农业的样貌也会有巨大的改变。

经济发展和可持续发展的两立

NO.06

从"环境"的视点来思考经济

由"有限的资源不仅属于这一代人,也属于下一代人"这样的想法,诞生了"sustainable development"的观念,这被称为"可持续发展",它呼吁环境和发展的共存。特别是在1992年的联合国环境与发展会议(地球峰会)上,这个想法落实到《里约环境与发展宣言》和《21世纪议程》等文件中,并对此后的地球环境问题的处理产生了深远的影响。

日本是个自然环境相对丰富的国家,为了实现未来经济增长和环境保护的双赢,必须考虑"经济绿色化"的理念。

例如,全球变暖和由此引发的生态系统变化等问题,就是由经济活动带来的。因此,我认为有必要提高更多人的环保意识,理解环境的影响,并推进对环境有益的经济活动。

SDGs(Sustainable Development Goals)被翻译为"可持续发展目标",于2015年9月在联合国可持续发展峰会上被通过。其理念是"不让任何一个人被落下(leave no one behind)"。该次会议提出了在2016年至2030年的15年时间里,全球各国应该实现的17项可持续发展目标和169项具体目标。

此外,在经济和投资活动中,开始反映出"环境(environment)""社会(social)""管理体制(governance)"方面的问题。这被称为

"ESG 理念"，其中很好的一个例子就是共同建设低碳排放社会。

而且在 2015 年，气候变化组织的 196 个缔约方参加了在巴黎举行的气候变化大会。此次会议通过了《巴黎协定》，对发达国家、发展中国家、最不发达国家和小岛屿发展中国家都提出了共同但有区别的责任应对方案，强调了全球应共同应对气候变化。

地球上每个国家和地区的"地利"都各不相同。每个国家和地区都有其特定的地缘优势，并建立了相应的经济活动和生活方式。但是，欧美国家制定的本地规则被宣传为全球规则，其他地区的政府和企业也经常受到其影响。日本也拥有自己的地缘优势，也许我们也不应该放弃追寻最适合日本的经济活动的努力。

第 1 章

人口与数据
——残酷的未来与挑战

本章包含的主要统计

世界人口前十位的国家，人口年龄构成，人口老龄化的推移和预测，日本的出生数和死亡数及65岁及以上人口的变迁，世界的人口密度，国民总收入（GNI），人口和人均国内生产总值（GDP）的变化，主要国家的人均劳动生产率，青年劳动者失业率和NEET比例，巴西的总和生育率，难民的数量和来源国

NO.07 从人口的角度解读"今后会成长的国家和地区"

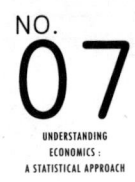

世界人口前十位的国家

根据世界银行的统计,全世界的人口共有约774273万人(2019年)。2006年时还仅有约663516万人,由此计算可知每年大约增长了8520万人。2006年,德国的总人口约为8238万人,因此我们甚至也可以说,"每年约有一个德国出生了"。

截至2019年,世界上人口最多的国家是中国和印度。这两个国家的人口都超过了10亿人。超过3亿人的国家有美国,超过2亿人的国家有印度尼西亚、巴基斯坦、巴西、尼日利亚。虽然在美国这样的国家,移民等社会层面的因素也是人口增长的重要原因,但一般来说,急剧的人口增长是由高出生率和低死亡率造成的。

人口超过1亿人的国家

1. 中国	1410080	8. 孟加拉国	163046
2. 印度	1366418	9. 俄罗斯	144374
3. 美国	328240	10. 墨西哥	127576
4. 印度尼西亚	270626	11. 日本	126265
5. 巴基斯坦	216565	12. 埃塞俄比亚	112079
6. 巴西	211050	13. 菲律宾	108117
7. 尼日利亚	200964	14. 埃及	100388

2019年：单位＝千人

关注点

其中经济合作与发展组织成员国仅有美国、墨西哥和日本。发展中国家引人关注。

数据来源：世界银行

印度虽然推行了人口控制政策，但2010—2017年的人口增长率是1.2%，依然保持在较高水平（2000—2010年的人口增长率是1.6%）。其人口的增长速度虽然减缓了，但原本设立的目标是将人口控制在11亿人，因此我们可以认为印度的人口控制政策实际上是失败了。从下一页的趋势图（截至2019年）中我们也可以轻易地想象出，印度即将超越中国成为世界第一的人口大国。

中国和印度的人口增长

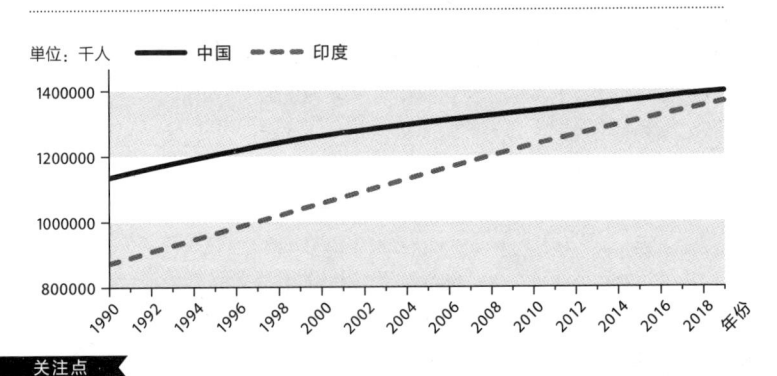

单位：千人　　——中国　　---- 印度

（图表：1990—2018年中印人口变化，纵轴800000—1400000）

关注点
印度人口激增！即将成为世界第一人口大国？

数据来源：世界银行

　　截至2019年，世界上人口超过1亿人的国家共有14个。在这当中，OECD（Organization for Economic Co-oporation and Development，简称经合组织）成员国有美国、墨西哥和日本3个国家。由此可以知道，人口大国多数是被分类为发展中国家的那些国家。在机械化发展较为缓慢、劳动密集型的农业仍处于中心地位的国家，儿童被视为未来的劳动力，因此出生率也往往较高。另外，医疗技术的发展和医药用品的普及等导致婴幼儿死亡率下降，也是人口急剧增长的原因。

　　由于大量移民及其高生育率态势，特别是西班牙裔和非洲裔的移民往往生育多个孩子，我们可以认为美国的人口今后也会持续增长。

　　人口的增长尤为显著的国家包括巴基斯坦、尼日利亚、菲律宾等。根据联合国的预测，2050年这三个国家的人口将增长为：巴基斯坦3.3801亿人，尼日利亚4.131亿人，菲律宾1.4448亿人。菲律宾的国民中大约8成信仰天主教，他们不仅反对人工流产，对避孕也抱有负面的看法。不仅如此，在菲律宾，"大家族主义"的价值观也根深蒂固。该国的出生率虽然有一些减少的倾向，但是依然维持在较高水准。在巴基斯坦和尼日利亚，因为人们要通过多生孩子来确保"人手"充足，会拒绝避孕等手段。这些现象并不仅仅发生在上述3个国家，在其余发展中国家也经常发生。

向俄罗斯学习"少子化对策"

另一方面，俄罗斯和日本人口则呈小幅下降趋势。然而，俄罗斯由于设立了"母亲基金"，出生率呈V字形回复趋势。

"母亲基金"是俄罗斯2007年开始施行的以改善出生率为目标的政策。只要满足领取条件，在第二个孩子出生时一个家庭可以领取大约100万日元的补助金（译者注：约5万~6万元人民币）。和俄罗斯各行业的平均收入相比，这相当于0.5~2倍的平均年收入。对生育第三个孩子及以上的，还有教育费的援助和土地的免费提供等其他优惠政策。在日本人们还看不到严肃应对少子化状态的诚意。

预测经济离不开"劳动者的比例"

NO. 08
UNDERSTANDING ECONOMICS:
A STATISTICAL APPROACH

人口年龄构成

表示人口结构的三个指标为儿童人口（15岁以下）、劳动年龄人口（15岁及以上、65岁以下）和老年人口（65岁及以上）。

下页上方的表格，列出了儿童人口比例超过45%的国家。在出生率较高的国家中，儿童人口比例较高。然后请看下方的表格，在儿童人口比例较低、出生率较低的国家和地区，老年人口比例就会相对较高。

人口与数据 | 第1章
——残酷的未来与挑战

未来由此可见！

○ 儿童人口比例较高的国家

（2018年）

国 家	儿童人口比例（%）	老年人口比例（%）	出生率（人）※
尼日尔	50.0	2.6	46.1
马里	47.5	2.5	41.5
乍得	47.1	2.5	42.2
乌干达	46.9	1.9	38.1
安哥拉	46.8	2.2	40.7
索马里	46.6	2.9	41.8
刚果（金）	46.2	3.0	41.2
布隆迪	45.5	2.3	39.0

关注点

出生率较高，老年人口比例则在较低水平

○ 儿童人口比例较低的国家和地区

（2018年）

国家/地区	儿童人口比例（%）	老年人口比例（%）	出生率（人）※
葡萄牙	13.5	22.0	8.5
意大利	13.3	22.8	7.3
韩国	13.0	14.4	6.4
中国台湾	12.9	14.6	7.7
日本	12.7	27.6	7.4
新加坡	12.3	11.5	8.8
中国香港	11.9	16.9	7.2

※每1000人中的年出生人数

关注点

出生率较低，老年人口比例就会增高

数据来源：世界银行

虽然我们常常会连起来使用"少子老龄化"这个词，但其实应该分别考虑"少子化"和"老龄化"这两个概念。"少子化"是指儿童人口数量少、儿童人口的占比较低的状态。而"老龄化"则是指老年人口的比例较高的状态，并不一定意味着老年人口绝对数量多。

少子化和老龄化存在时间差

也就是说，少子老龄化是指"新生儿数量减少，儿童比例下降，与之相对应的老年人比例增加"的状态。因此，少子化必须先发生，然后才会出现老龄化。少子化和老龄化之间存在时间差。

事实上在韩国，虽然出生率很低，儿童人口比例正在下降，但严重的老龄化（即老年人口比例上升）尚未出现。中国香港和中国台湾等地区也是如此，目前只有"少子化"。但是在日本、意大利和葡萄牙等国家已经在发生"少子老龄化"。

在中东的石油生产国阿联酋、卡塔尔、巴林和科威特等国，劳动年龄人口则很多。这是因为许多外国人来此打工，他们中的大多数是年轻人。然而这些打工者并不会在这里度过一生，而是在一定年龄之后回到自己的祖国。归国的年长打工者与新来的年轻打工者相交替，在石油生产国工作的劳动者于是一直维持在较为年轻的状态。因此，这些石油产出国总体上老年人口比例较低。

但是，由于这些国家依赖于特定的产业结构，如果这些产业衰退，外来工人数量减少，人口结构可能会在一夜之间发生变化。

劳动者也作为"消费者"支撑着国家

劳动者既是消费者也是纳税人。劳动力的减少意味着国内市场的缩小。像日本这样贸易依赖度低、实际上通过内需实现经济增长的国家，少子化带来的劳动力的减少，将带来危机性局面。像韩国这样内需市场并不是很大而少子化严重的国家，则需要重视扩大国外市场。事实上，韩国的贸易依赖度比日本高，为了在世界市场上竞争，一直不断提高技术水平。从这个角度来看，可以说能够实现经济增长的，将是出生率高、市场有增长潜力、矿产资源产量高（可以在当地获取原材料）的国家。

笔者最关注的是印度尼西亚。印度尼西亚拥有超过 2.7 亿的人口，出生率也很高，今后将有足够的内需。此外，他们也拥有石油、煤炭、天然气等资源。笔者认为，印度尼西亚正处于与前些年的中国和印度相似的环境中，未来的发展不可忽视。

用数据来揭示世界的"超老龄化"

NO.
09
UNDERSTANDING
ECONOMICS:
A STATISTICAL APPROACH

> 人口老龄化的推移和预测

一般来说,当一个国家(地区)65岁及以上人口所占比例超过7%时,就会被称为"老龄化社会";当比例超过14%时,就会被称为"老龄社会";当比例超过21%时,就会被称为"超老龄社会"。

根据世界银行(2019年)的统计,在收集到统计数据的194个国家(地区)中,老年人口比例超过7%的有97个(50%),超过14%的有56个(28.87%),超过21%的有7个(3.6%)。其中,老年人口比例最高的国家是日本(28%)、意大利(23.01%)、葡萄牙(22.36%)、芬兰(22.14%)、希腊(21.94%)和德国(21.56%)。即使纵观全球,日本的老龄化问题也尤为突出。在平成时期(译者注:即1989年至2019年),日本的少子化问题迅速发展,老年人口比例急剧增加。如果这种趋势继续下去,预计到2030年,日本的老年人口比例将达到30.3%,到2050年将达到36.4%。

未来,中国台湾、韩国等地的老龄化问题也将加剧。预计到2030年,中国台湾的老年人口比例将达到23%,到2050年将达到34.5%。而韩国在2030年将达到23.9%,到2050年将达到35.3%。在全球范围内,老年人口比例也在不断增加,预计到2030年将达到11.7%,到2050年将达到15.8%。

让我们再来关注出生率。在各个发达国家,未来的出生率将会进一步下降，老年人口比例则将继续上升。如今，各个领域都在以"自动化"为关键词推进技术革新，力图从"利用大量劳动力来做某事"的思维中摆脱出来。"自动"这个词是指机器自行工作，在工作过程中不需要人的帮助。自动化的目的是降低成本和提高舒适性。前者的例子包括工厂自动化和自动售货机等，后者的例子则有自动驾驶和全自动洗衣机等。

此外，随着发展中国家经济水平的提高，"家庭计划"思想将会得到普及，也会带来出生率的下降。目前，全球人口每年增加约8300万人，但未来这个数字将会减少。

下图是从中心考试（译者注：日本大学入学选拔过程中的一个重要考试，与我国高考相近）的题目中截取的。图中是世界人口构成从1950年到2030年的这80年间每五年的变化，人口的构成按年龄分成三组。在这道题中，A代表劳动人口比例，B代表儿童人口比例，C代表老年人口比例，X代表2030年，Y代表1950年。在这张图中，越接近X年（2030年），C（老年人口）比例越高，由此可以看出全球老年人口比例随着时间在不断增长。这样的人口构成的变化是不可避免的，因此我们需要建立适应这种变化的产业结构。

世界人口的变迁（1950—2030年）

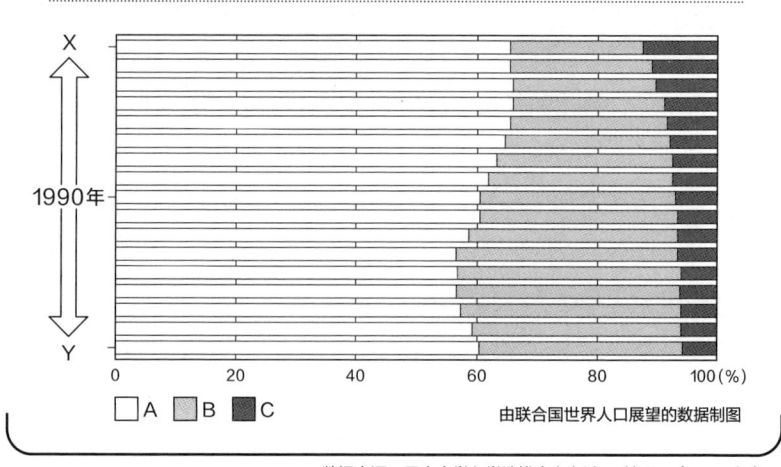

X
↕
1990年
↕
Y

0　20　40　60　80　100(%)

□A　▨B　■C

由联合国世界人口展望的数据制图

数据来源：日本大学入学选拔中心考试・地理B（2002年）

"老龄化"问题的难点，是会加大社会保障支出的负担。由此导致的税收压力，有可能进一步降低出生率。日本的人口老龄化问题已经到了全世界独一无二的水平，全世界也都在关注日本要如何解决这个问题。

少子化在日本急速发展的两个理由

NO.10

日本的出生人数、死亡人数和65岁及以上人口的变迁

正如之前提到过的，少子老龄化这个问题需要分别考虑少子化和老龄化。少子化指的是儿童人口数量的减少和儿童人口在总人口中所占比例的下降。而老龄化是指随着少子化的发展，老年人口在总人口中所占比例的上升。换句话说，少子老龄化必然先发生少子化。

2019年，日本出生人数为86.5234万人，比上年减少了5.3161万人，连续四年突破历史最低纪录。总和生育率（15~49岁女性一生生育子女的数量）为1.36，自2018年以来下降了0.06个百分点，已经连续第四年下降。

从母亲生育时的年龄来看，1970年时，25~29岁生产的母亲最多，其次是20~24岁、30~34岁、35~39岁。现在则是30~34岁的母亲最多，其次是25~29岁、35~39岁、20~24岁。另外，25~39岁女性人口也呈下降趋势，未来也没有增长的预期。日本目前的少子化问题是由于生育年龄的女性数量减少和晚婚化的趋势共同造成的。此外，新型冠状病毒引起的社会不安也可能会加速出生率的下降。

另一方面，日本2019年的死亡人数为138.1093万人，比上年增加了1.8623万人。自然增减（出生人数－死亡人数）的数量为减少了51.5854万人，减少人数比去年增加了7.1784万人。二战后，日本于2005年第一次出现人口自然减少。尽管2006年又转为自然增长，但

自 2007 年以来再次变为自然减少。然而，少子老龄化趋势早在 20 世纪 90 年代后期就已经显现，老年人口比例在 1997 年就超过了儿童人口比例。

婴儿潮一代成为养老金领取者

在日本，1947—1949 年和 1971—1974 年分别出现了出生人数大幅增长的情况，被称为"婴儿潮"。前者的婴儿潮是在战后社会混乱时期结束后的出生人数增加，三年内出生人数超过了 800 万人。他们也被称为"团块一代"。这一代人自 2014 年起成为养老金领取者。后者的婴儿潮持续了四年，每年出生人数超过了 200 万人。在他们大学入学的 20 世纪 90 年代前期，入学竞争格外激烈，笔者所处的补习班行业当时也非常活跃。

正如前面所述，老年人口比例超过 7% 被称为老龄化社会，超过 14% 为老龄社会，超过 21% 为超老龄社会。

而日本的老年人口比例，超过 7% 是在 1970 年，超过 14% 是在 1994 年，超过 21% 是在 2007 年。到了 2019 年，这一比例已经达到了 28%。急速的老龄化由急速的少子化所致。如果这样继续下去，工作的这一代人仅仅赡养上一代就将竭尽全力，更无力抚养下一代。"生孩子"和"养育孩子"是不同的两件事，希望日本政府能尽快实现两者都充实的社会建设。

例如，法国和瑞典通过积极的少子化对策，使总和生育率恢复到了接近人口交替水平（总和生育率约为 2.1）。

法国自 20 世纪 90 年代以来，通过增加托儿所等举措，建立制度来支持劳动者兼顾生育、养育和工作。其总和生育率虽然在 1993 年触底达到 1.73，但随后在 2010 年回升至 2.03（2018 年为 1.88）。瑞典也通过支持生育、养育和工作兼顾的政策实现了总和生育率的恢复。这些制度包括根据孩子数量增加的儿童津贴制度、父母保险（自 1974 年开始实施的育儿休假收入补贴制度）等。瑞典的总和生育率从 1998 年的 1.5 回升至 2010 年的 1.98（2018 年为 1.76）。

日本的总和生育率在 2005 年达到了 1.26 的最低值，到 2015 年恢复到 1.45。然而，由于合计特殊出生率在近 50 年中一直处于下降趋势，所以能成为母亲的人数减少，出生率的大幅改善尚未实现。因此，笔者认为有必要继续创立新的鼓励生育政策，如在第二个孩子出生时发放高额的福利金等。

日本分年龄人口占比的变迁（1990—2019 年）

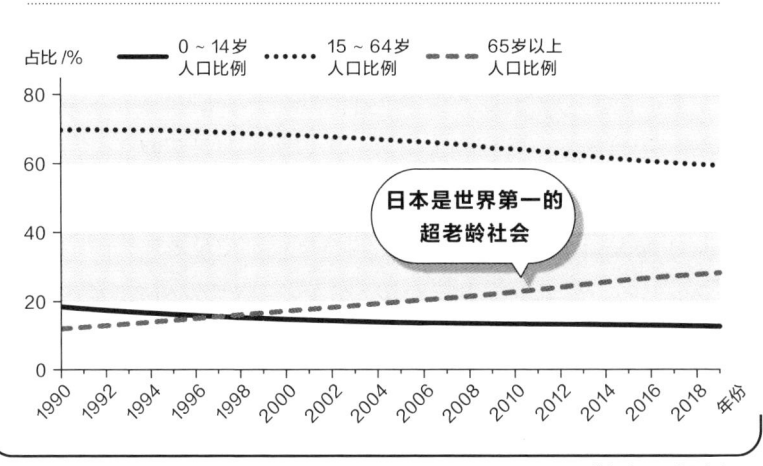

图例：0~14 岁人口比例、15~64 岁人口比例、65 岁以上人口比例

日本是世界第一的超老龄社会

数据来源：世界银行

NO. 11 亚洲和欧洲的比较！人口增加的原理

世界的人口密度

一个国家的人口密度是指将该国的人口除以其土地面积得出的值。人口一词指的是所有居民，不论是具有国籍的还是只有居留身份，但不包括暂时的难民。另外，河流、湖泊等水域不计入土地面积。

全球的人口密度为每平方千米 59.4 人。土地面积极小的国家通常被称为"微型国家"，其人口密度往往极高。例如，摩纳哥的人口密度为每平方千米 19196 人，几乎与东京的新宿区相当。东京的 23 个区中，除千代田区外，所有区的人口密度均超过 10000 人。文京区、台东区、中野区、丰岛区和荒川区的人口密度超过 20000 人，也像是微型国家。

除了微型国家之外，2019 年人口密度最高的是孟加拉国，为每平方千米 1252.5 人；其次是韩国，为 530.4 人；荷兰为 514.4 人、印度为 459.5 人、以色列为 418.3 人、比利时为 379.2 人、菲律宾为 362.6 人、斯里兰卡为 347.6 人、日本为 346.3 人、越南为 311.1 人；等等。

分地域来看，东亚、东南亚、南亚和西欧、南欧的人口密度都在较高水平。前者是因为该地区的人口承载力较高，而后者则是由于其高经济水平所造成的。

人口承载力指的是某个地区抚养居民的能力。虽然实际上并不存在这样的情况，但如果某地区与其他地区没有任何交流，那么人口承载力就是由"粮食生产量"或"采集经济中采集到的食物供应量"决定的。

东亚、东南亚、南亚在夏季受季风影响，气温高，降水多。这些地区被称为亚洲季风区，大米生产量约占全球的90%。大米是单位面积生产量非常高的谷物，对人口承载力维持在较高水平起了巨大的作用。

西欧、南欧则以旱田为中心。其提供的人口承载力虽然不像稻米产区那样高，但这些地区是农业先进地区，可以提供稳定的食品供应。此外，由于工业发达，西欧、南欧地区的经济水平在全球范围内都较高，就业机会也很多。因此，人口集中在这些地区。像这样的人口密集地区也被称为人口稠密地区。

而人口密度较低的地区往往是食品供应困难的地区。通常，年降水量较少的干旱地区（年降水量低于250mm），是农业活动困难的地区。气温极低的寒冷地区（最暖月份的平均气温低于10℃）就几乎没有植被生长，在这样的地区，人口密度就很低。

澳大利亚虽然拥有世界第六大的国土面积，但其59.2%的国土都属于干旱地区，因此人口密度仅为每平方千米3.3人。其他干旱地区广泛分布的国家还包括蒙古国（人口密度为2.0人）、纳米比亚（人口密度为3.0人）和利比亚（人口密度为3.8人）等。此外，冰岛（人口密度为3.6人）、加拿大（人口密度为4.1人）和俄罗斯（人口密度为8.8人）等寒冷地区的人口密度也较低。

由GNI解读人口小国的优势

NO. 12

> 人均国民总收入

"GNI"是"Gross National Income"的缩写,指的是国民总收入。与GDP(国内生产总值)类似,是衡量经济增长的重要指标。但是,GDP是指"某一年国内生产的物品和服务的附加值",而GNI是指"当地居民在一年内从国内和国外获得的收入总和"。近年来,由于国外收入增加,对GNI的关注度也提高了。"人均GNI"是指将各国/地区的GNI除以人口计算出的指标(由于各国/地区的计算方法、修订时间和汇率不同,数值和排名会有差异)。

人均GNI排行榜前十的国家和地区多是人口较少的,如摩纳哥、列支敦士登、百慕大、瑞士、开曼群岛等。在前10名中,只有美国的人口超过1000万。此外,在前35名中,人口超过5000万的只有5个(美国、德国、日本、法国和英国)。

人均 GNI 前十的国家 / 地区（2019年）

排名	国家 / 地区	人均 GNI（美元）	人口（万人）
1	摩纳哥	190532	3.9
2	列支敦士登	189586	3.8
3	百慕大	118407	6.3
4	瑞士	85718	859.1
5	开曼群岛	83965	6.5
6	挪威	78185	537.9
7	中国澳门	76788	64.0
8	卢森堡	73565	61.6
9	冰岛	72716	33.9
10	美国	65897	32906.5

关注点

人口少的国家 / 地区占据多数。人口超过一千万人的只有美国！

数据来源：联合国

人均GNI超过6万美元的国家和地区有13个。除美国外，这些国家和地区人口都比较少，对旅游业、金融业、矿业等特定的高收入产业的依赖度很高，因此人均GNI较高。如果人口只有数百万人，只要一个特定的产业发展壮大，人均GNI就很容易提高。

将这种情况套用到日本的人口规模上会怎样呢？会有数千万人从事某个特定的高收入行业，例如"8000万人从事汽车行业"。当然，这是不现实的。

日本这样的人口规模，要创造出与上述人均GNI前列国家或地区相同的情况几乎是不可能的。在前35名中，人口超过1亿的只有美国和日本。

"中等收入陷阱"是什么？

低收入国家（人均GDP大约1000美元以下）利用自己的廉价劳动力来实现经济增长，达到中等收入水平（人均GDP大约3000到10000美元）。然后，由于本国工资水平的上涨、随后兴起的国家的追赶和发达国家的技术革新等原因，经济增长停滞不前。这就是所谓的"中等收入陷阱"。

根据世界银行发布的报告，在1960年有101个国家/地区属于中等收入国家/地区，但这些国家/地区中，在2008年成长为高收入国家/地区的，只有13个（包括日本）。成功步入高收入国家/地区的，人口规模大多在数百万到一千万人，有数千万人口规模的只有韩国和西班牙，并没有第二个国家拥有像日本一样的大规模人口。

与经济发展相关的"人口转型"是什么？

NO.13

人口和人均国内生产总值（GDP）的变化

"人口转型"是指人口从高出生高死亡型向高出生低死亡型和低出生低死亡型的动态转变。或迟或早，许多国家都正在或即将经历人口转型。

目前在世界上，除了尼日利亚、乍得、索马里等部分非洲国家外，各国几乎都不处于高出生高死亡型阶段。由于药物的普及、医疗技术的进步、卫生环境的改善和粮食状况的改善等，以婴幼儿群体为主的死亡率大幅下降，人口形态转变为高出生低死亡型，这也是人口增长最快的阶段。

二战后，以发展中国家为核心，世界人口快速增长，也被称为"人口爆炸"。此后，随着经济增长和生活水平的提高，"家庭计划"的观念得到普及，生育率下降，开始向低出生低死亡型的人口形态转型。此外，由于少子化的加剧，儿童人口比例下降，老年人口比例相对上升，就形成了少子老龄化，以老年人为中心的死亡率开始上升。

世界上最初出现出生率下降和少子化是在欧美国家。然而，日本自第二次婴儿潮（1971—1974年）达到顶峰后，出生率开始下降，少子化急剧发展，老年人口比例的上升速度比欧美国家更快。本书前文提到过，老年人口比例超过7%时被称为"老龄化社会"，超过14%时被称为"老龄社会"，超过21%时被称为"超老龄社会"。从后面的表格中可以看出，日本虽然在美国之后进入老龄化社会，但却比美国更早进入老龄社会和超老龄社会。也就是说，日本在短时间内就快速进入了少子老龄化。

　　一般来说，越是发展中国家，人口转型来得越晚。从下页表格中可以看到，印度的老年人口比例在2005年仍不到5%。发展中国家的产业中心在农业领域，而且是尚未机械化的劳动密集型农业。因此，孩子被视为宝贵的未来劳动力，从而有多生育的趋势，这使得老年人口比例相对较低。

　　未来，随着人口转型的推进，人口增长率降低，将会发生劳动力短缺。因此，国内市场萎缩和由于少子老龄化带来的社会保障费用的增加等原因，将会导致经济低迷，人均GDP的增长也会变得困难。

人口与数据 | 第1章
——残酷的未来与挑战

四个主要国家的人口和收入变化

国家 人口和收入的变化	中国			印度			日本			美国		
	人口变化指数	老年人口比例（%）	人均GDP变化指数	人口变化指数	老年人口比例（%）	人均GDP变化指数	人口变化指数	老年人口比例（%）	人均GDP变化指数	人口变化指数	老年人口比例（%）	人均GDP变化指数
1960	100	3.7	100	100	3	100	100	5.6	100	100	9.1	100
1970	125	3.7	119	123	3.3	120	112	6.9	217	112	10.1	132
1980	151	4.7	181	155	3.6	128	126	8.9	300	123	11.6	163
1990	178	5.6	380	194	3.8	176	133	11.9	442	135	12.6	205
2000	195	7.0	921	235	4.4	250	136	17	490	151	12.3	255
2005	202	7.7	1423	255	4.7	315	137	19.7	516	158	12.3	276
2010	207	8.9	2371	274	5.1	411	137	22.5	517	165	13.0	276
2015	213	10.5	3386	291	5.6	530	137	26	547	172	14.6	297
2020※	218	13.5	4294	306	6.6	652	135	28.4	571	177	16.6	317

※2020年的数据的注解：人均GDP变化指数使用的是2019年的数据

数据来源：联合国

世界劳动生产率最高的国家是哪个?

NO. **14**

UNDERSTANDING ECONOMICS: A STATISTICAL APPROACH

> 主要国家的人均劳动生产率

人均劳动生产率是指实际国内生产总值除以总就业人数得出的数值,是国际劳工组织(ILO)的统计数据。它是用"劳动成果"除以"劳动量"得出的,指的是每个劳动者能创造的劳动成果。

在日本,通过改正长时间加班、提高业务效率等被称为"工作方式改革"的举措,提高劳动生产率的意识也在不断提高。实际上,日本经常被认为"劳动生产率很低",这个问题迫切需要得到解决。

人均劳动生产率(单位:美元,2019年数据)最高的国家和地区是卢森堡(199367美元),其次是中国澳门(178687美元)、文莱(159118美元)、爱尔兰(155654美元)、新加坡(151522美元)、卡塔尔(153376美元)、新喀里多尼亚(132228美元)、挪威(129989美元)和沙特阿拉伯(122167美元)。

2019年,日本人均劳动生产率为75384美元,在36个OECD成员国中排名第21位。自2012年以来,日本的人均劳动生产率几乎没有变化。但是,由于劳动年龄人口比例不断下降,因此尽管每个人的劳动生产率没有上升也没有下降,劳动力却依旧在减少。由于日本正面临人口老龄化的问题,从中长期来看会有劳动力进一步短缺的危险,因此,提高人均劳动生产率是必经之路。

提高劳动生产率的方法

世界上人均劳动生产率最高的国家是卢森堡。卢森堡人口约为62万，国土面积大致与神奈川县相当。世界最高的"背景"是，卢森堡通过降低法人税率，引进了许多外国企业，金融业、房地产业和钢铁业等容易提高生产率的行业在GDP中所占的比例很高。

人均劳动生产率增长迅速的国家包括爱尔兰。1991年，爱尔兰的人均劳动生产率为63051美元，与日本的61382美元水平相当。从20世纪90年代末开始，爱尔兰像卢森堡一样降低了法人税率，鼓励外国企业入驻。

特别是美国企业相继进驻爱尔兰，越来越多的企业选择将欧洲分公司设立在爱尔兰。由此，爱尔兰出现了高水平的经济增长，2019年的人均劳动生产率比1991年增长了2.5倍，增长表现十分突出。

经济增长也带来了出口商品的变化

直到20世纪90年代初，爱尔兰的出口仍以"机械"和"肉类"为主，最大的进出口贸易伙伴是英国。然而，现在爱尔兰的主要出口商品已经是"医药品"和"化学药物"等产品，最大的贸易伙伴变成了美国。爱尔兰的官方语言之一是英语，这也被认为是促进美国企业进驻的主要原因。

此外，在19世纪中叶爱尔兰发生土豆饥荒时，许多爱尔兰人因缺乏食物成为难民，移民到了美国。可以说，爱尔兰和美国有着深厚的历史联系。

在技术变革中失业的，不是中老年人而是年轻人

NO.15

青年劳动者失业率和NEET比例

自雷曼兄弟破产后，全球失业率从2009年到2018年一直呈下降趋势。国际劳工组织在2020年发布的预测中，非常耐人寻味的一点是："随着技术革新，生产工作的自动化不断推进，使得年轻人比老年人面临更高的失业风险。"随着自动化的推进，职业培训又往往缺乏通用性，而符合技能和资质的工作岗位则在减少，年轻人的未来充满了不确定性。

这正反映了通过职业培训学习到的特定的岗位工作技能，比通过通识教育获得的技能更容易过时。

青年劳动力是指15岁至24岁的劳动力人口。2019年，全球青年劳动力失业率为13.6%（日本为3.7%）。自2000年的12.5%以来上升了一个百分点。而且青年劳动力失业率的地区差异很大，并不存在"非洲就肯定高"或"欧洲就肯定低"这样的整体趋势，而是受到各国政策等的深刻影响。

欧洲劳动力市场的情况

欧洲的青年劳动力失业率相对较高。让我们来一起思考一下这个背景。在日本，企业在雇佣员工时，往往通过在员工年轻时让他们积

累多种多样的经验来培养人才，这不可避免地会导致所谓的"长期积累阶段"。因此，有很多人在大学毕业后会从事与所学专业不相关的工作。（译者注：在典型的日本企业中，企业并不期待新毕业的员工发挥学生时代所学习的知识，立刻成为企业的战斗力，而是由企业通过长期培养员工来达到岗位要求。学生毕业后多是作为不限定岗位的"综合职"进入企业，在企业内部各个岗位学习、轮转，由此熟悉业务知识。在新人进入企业的前几年，多是辅助前辈职员而非独立完成工作，工作内容也会相对单调无趣，即所谓的"长期积累阶段"。）

在欧洲，多是针对具体业务设定岗位并雇佣员工的。那些拥有高专业技能的人员只要实力得到认可，就可能在年轻时升职，并获得高额收入。然而，这只是针对少数精英的情况，其他人则会长期从事相同的工作，年龄增长也无法改变工作的性质。因此，欧洲可以被称为是"对年轻人要求苛刻，对中年以上的人宽容"的社会。对于中年及以上非精英阶层而言，雇佣他们不需要支付太高的薪资，也不需要承担教育培训等成本，反而作为熟练劳动者，他们已经逐年强化了自己的技能。

然而，年轻人尽管所需薪资与中年工人相差不多，但技术的熟练度则较低，这正是导致年轻人就业率低迷的原因之一。中年以上的非精英阶层不仅失业率低，转职率也很低。

同时，由于薪资不会得到大幅增长，欧洲工人对工作的动力也没有那么高，不愿意为工作牺牲私人时间。因此，工作时间相对较短，休假时间相对充足。对于女性而言，更容易在工作和家务或育儿之间取得平衡，男性也更容易积极参与育儿。

"Not in Education, Employment or Training"缩写为NEET，指的是没有就业、就学或者参与职业培训的状况。国际劳工组织也指出，所谓的NEET状况的年轻人数量正呈上升趋势。在全球范围内，年轻人NEET的人数已经达到了2.67亿人（其中1.81亿人为女性），占同年龄人口的约22%。特别是在南亚、西亚和非洲国家表现出较高的趋势。

席卷巴西的"新兴国家少子化问题"

NO.16

巴西的总和生育率

在这里,笔者想问各位读者一个问题。

这个问题是:巴西的总和生育率有多少呢?

总和生育率是指每名女性(15 岁至 49 岁的育龄女性)所生育的孩子数量。一般来说,总和生育率在发展中国家中较高,在发达国家中较低。为了维持人口所需的总和生育率的值为 2.1 左右。一般来说,随着生活水平的提高,人们会考虑维持这种生活水平,因此会减少生育子女的数量。计划生育受到重视,生育率也随之下降。

现在,让我们来看看巴西的总和生育率。正确答案是 1.73(2018 年)。巴西的总和生育率在 1960 年时为 6.28,然后逐渐下降,在 2004 年降至 2.1 以下。近 60 年来,巴西社会发生了巨大变化。值得一提的是,在 OECD 成员国中,只有以色列、墨西哥和土耳其的总和生育率超过 2。随着总体经济水平的提高,生育率会呈下降趋势。

根据世界银行汇编的世界发展指标(WDI),巴西的人均国民总收入(GNI)在收入等级划分中属于中等偏上收入国家。这在收入水平的分类中排在高收入国家之后,中等偏下收入国家和低收入国家之前。

在巴西,尽管出生率呈下降趋势,但总人口仍在持续增长。这是因为平均寿命延长,导致出生率高于死亡率。也正因此,65 岁及以上的老年人口比例正在不断增加，在2011年就已经超过了7%，正式进入了老龄化社会。这种趋势继续下去的话，未来将不得不由减少的劳动力来支撑更多的退休金领取者。

随着人口增长，也需要加强教育和社会基础设施建设。然而，巴西国家预算的约43%用于养老金支出，约7%用于医疗费用。总和生育率由曾经的6.0以上下降到不足3.0只用了26年。这个减少过程在土耳其用了27年，中国则仅用了11年。

很容易想到老年人口比例的增加会带来医疗费用的增加，但其实医疗费用也被用于降低婴幼儿的死亡率。巴西的新生儿死亡率、婴儿死亡率和幼儿死亡率都显著下降了。这是一个好消息，但由此产生的医疗费用的增加也带来了财政压力。可以说，巴西正和日本走向同样的道路。

预计到2047年，巴西的人口将达到峰值的2.332亿人，之后将逐渐减少。老年人口比例则会持续增加，预计30年后（2077年）将达到总人口的约25%。

人口与数据
——残酷的未来与挑战

第1章

石油国家避免少子老龄化的独有战略

NO.
17

UNDERSTANDING ECONOMICS:
A STATISTICAL APPROACH

老年人口比例与总和生育率

少子化会导致老年人口比例的上升。中国自1980年至2016年实行的计划生育政策导致出生率下降，老年人口比例也逐渐升高。中国65岁及以上老年人口比例在1990年仅为5.6%，但在2019年已上升到12.6%。特别是自2010年以来，老年人口比例的增长更为显著。

相反，在出生率高的发展中国家，老年人口的比例则呈下降趋势。这些国家的主要产业是劳动密集型农业，由于期望儿童成为劳动力，出生率很高，相对的老年人口占的比例较低。

以2019年数据为例，阿联酋（老年人口比例1.2%）、卡塔尔（老年人口比例1.5%）、巴林（老年人口比例2.5%）和科威特（老年人口比例2.8%）这四个国家以老年人口占比低而闻名。

然而，阿联酋的总和生育率仅为1.41，卡塔尔的总和生育率为1.87，巴林总和生育率为1.99，科威特总和生育率为2.08。这些数字都低于维持人口水平所需的2.1，也低于周边中东国家的总和生育率。这是因为这四个国家是石油生产国，吸引了大量外籍劳动力从事石油产业工作。

生育率低却没有出现少子老龄化的原因

阿联酋的人口在2019年为970万人，但据说其在20世纪60年代只有大约 10 万人口。这不是一个简单的 "60 年内增长 98 倍" 的故事，而是由于外来务工人员的涌入。接纳外国劳工的背景是由于 20 世纪 80 年代的石油过剩导致油价不稳定，传统的石油国家为了发展石油和天然气以外的产业，推进了在新行业中接纳外国劳动力。

特别是在 2003 年（371 万人）至 2011 年（895 万人）期间，人口增长率保持在高水平。来阿联酋寻找工作的外国人大多是年轻人，被归类为生产年龄人口（15~64 岁）。

然而，在这些石油出产国，专业技术和行政岗位等工作大多是由本国国民从事的，外来务工人员和本国国民的薪水存在很大的差距。当然，外来务工人员也会变老，但他们在中老年时多倾向于返回自己的祖国。

此外，外国人获得阿联酋国籍非常困难。从周边的阿拉伯国家移民来的以阿拉伯语为母语的阿拉伯人，在连续居住数年后可以申请阿联酋国籍。但是，非阿拉伯人士需要满足 "连续居住 30 年以上" 和 "能够熟练使用阿拉伯语进行日常生活" 的条件才能申请取得国籍。

从自己的祖国带家人来阿联酋生活也很困难，所以到一定年龄后，多数外国务工者都会选择回国。而新的外国年轻人又涌入阿联酋寻找工作。正因如此，阿联酋 65 岁及以上的人口大多是本国国民。

阿联酋的国民仅占居民总数的约 10%，而 65 岁以上的人口又只占本国国民中的一部分，因此在全体居住者中的比例非常小。换句话说，阿联酋的老年人口比例较低不是因为儿童数量多，而是因为正在工作的人口众多。

这四个国家的劳工年龄人口比例都很高：阿联酋为 84.1%、卡塔尔为 84.9%、巴林为 78.8%、科威特为 75.7%（而日本为 59.4%，从 1992 年开始间歇性下降）。这就是这些国家尽管总和生育率并不高，但老年人口比例能够保持较低状态的原因。

为增加劳动力，应不应该欢迎移民？

NO. 18

国际移民的变迁

国际移民既包括因各种原因被迫移居国外的难民，也包括自发移居国外的居民。据国际移民组织（IOM）的定义，移民是指"离开原居住地，越过国境，正在或者已经向某个国家移动的人"。这说明难民应该被视为移民的一部分。

许多移民是为了工作或留学而移居的。然而，其中也有像难民一样，因为非自愿的原因不得不移居海外的人们。

从区域上来看，外国移民在总人口中占比例最高的是大洋洲。大洋洲总计约有4200万人居住（2018年），但其中澳大利亚和新西兰的总人口占到了大洋洲总人口的71%，因此当我们讨论大洋洲的统计数据时，更多地反映了这两个国家的情况。澳大利亚有大量的移民，占该国居民总人口的30%。这个数字在1990年时是23.3%，可以看出澳大利亚的移民比例有所增加。

欧美的移民情况

在北美洲和欧洲，外国移民所占的比例也很高。2018年，在北美洲，美国的国际移民比例为15.4%，加拿大为21.3%，这两个国家的国际移民比例非常高。特别是美国，国际移民比例在1990年时为

9.2%,自20世纪70年代以来一直呈上升趋势。因此,来自墨西哥的非法移民问题一直是美国热议的话题。许多非法移民游泳穿过美国和墨西哥边境的格兰德河,因偷渡过程中背部会被弄湿,美国俚语中也称他们为"wetback"。

在欧洲,德国、英国、法国、意大利、西班牙、瑞士、荷兰等国的外国移民占比较高。根据申根协定,成员国之间的人员移动是自由的,因此各国的移民人数众多,移民所占比例也较高。

然而,在2015年欧洲出现了大规模的难民涌入,也被称为"欧洲难民危机"。在非洲,由于长期的冲突和内战,逃向国外的人数一直增加。这些难民们起初逃往邻国,但由于这些国家没有足够的接纳机制,难民们开始希望进入欧洲。非洲和欧洲之间被地中海隔开,难民们试图通过船只渡海。在2015年4月,一艘载有约800人的船只在利比亚湾附近海域翻覆,造成事故的原因是超载。另外,由于叙利亚内战产生的难民也开始向欧洲移动。在从中东到欧洲的途中会经过土耳其,许多叙利亚难民因此来到了土耳其。

在这种背景下,2016年3月,土耳其和欧盟达成了协议,关闭了通过巴尔干半岛前往欧洲的路线。虽然通过希腊的难民减少了,但是那些不惜冒生命危险渡过地中海前往欧洲的人依然源源不断。法国、意大利和西班牙等靠近地中海的国家成为欧洲的门户。在一桥大学(译者注:日本国立大学,商业管理、经济法、律等社会学科排名前列)2010年的入学考试地理学科中曾经出现过这样的题目。

问 如果全面解除对劳动力的国际移动的限制,世界范围内会发生怎样的劳动力流动?为什么尽管全球各国都在主张推动全球化,但没有像鼓励投资和贸易一样,积极地推动解除对劳动力移动的限制?

人口与数据
——残酷的未来与挑战 | 第1章

穿过地中海到达欧洲的人数的变化

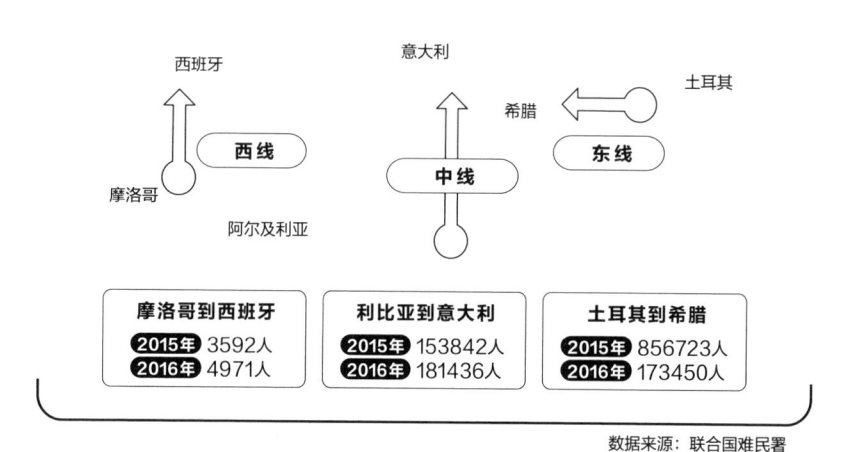

```
       西班牙            意大利
         ↑                ↑          土耳其
         |     西线        |   希腊     ←●
         ●              ↑ |           东线
       摩洛哥            中线
                阿尔及利亚
```

摩洛哥到西班牙	利比亚到意大利	土耳其到希腊
2015年 3592人	2015年 153842人	2015年 856723人
2016年 4971人	2016年 181436人	2016年 173450人

数据来源：联合国难民署

一桥大学没有公布这道题的标准答案。笔者是这样回答这个问题的。

答 如果全面解除对劳动力移动的限制，劳动力将会显著地从发展中国家向就业机会较多的发达国家流动。由此可能引发发达国家失业率上升、非法移民和非法滞留者增加、劳工移民与当地居民之间的文化冲突等问题。

经历了2015年的欧洲难民危机后，在欧洲各国，主张排斥移民或者对移民加强限制的政党取得了更多的议会席位。欧洲各国都在考虑失业、社会保障支出增加和犯罪率上升等问题可能带来的隐患。欧盟范围内移民数量的增加，也是英国退出欧盟的原因之一。

日本劳动力短缺会得到改善吗?

2018年12月7日,日本国会参议院司法事务委员会通过了《出入境管理及难民认定法》的修正案,该法于2019年4月开始实施。该法适用于所有进出日本的人,包括商务人士和旅游人士等。在日本近年来劳动力短缺情况日益严重的背景下,该法意图通过改善外国人接纳政策来缓解劳动力短缺的压力。

在新法通过前,除"日本人配偶"等签证之外,只有持有"技能实习"签证的外国人可以在日本从事简单劳动,持有这种签证的人最长可以在日本工作5年。"技能实习"的期限一旦到期,外国人就必须返回本国,这已经不能满足日本现在的劳动力需求了。因此,此次法案修正新设了"特定技能"的签证类型,实际上旨在延长"技能实习"的期限。目前,持有新设立的"特定技能"签证的外国人,可以在指定的14个行业内就业。

此外,《出入境管理及难民认定法》也是取缔非法滞留者和认定难民的法律依据。日本长期以来一直受到少子老龄化的困扰。老年人口比例自20世纪90年代后期就超过了幼年人口比例。我们不禁会质疑,过去的四分之一个世纪中,日本政府到底在做什么?然而,少子化导致了劳动力短缺,这一次修正法案的动机也是希望通过接纳外国人以缓解劳动力的短缺。

让不同文化背景的人们在同一个国家生活是一件非常困难的事。我们不能为了解决劳动力短缺而只追求眼前的得失,现在比以往任何时候都更需要认真考虑,10年后、50年后的日本会是什么样,未来的日本人又会是什么样。

难民的真相——难民与经济的关系

NO. 19

难民的数量和来源国

根据1951年签署的《关于难民地位的公约》，难民被定义为"由于1951年1月1日以前发生的事情并因有正当理由畏惧由于种族、宗教、国籍、属于某一社会团体或具有某种政治见解的原因留在其本国之外，并且由于此项畏惧而不能或不愿受该国保护的人；或者不具有国籍并由于上述事情留在他以前经常居住国家以外而现在不能或由于上述畏惧不愿返回该国的人"。当我们听到"难民"这个词时，经常会联想到那些为逃离政治迫害、人权侵犯和内战等，向其他国家寻求庇护的人们。那些停留在国内的人们被称为"国内避难民"；而那些逃离祖国并抵达其他国家的避难所，并在该国提交庇护申请的人们被称为"庇护申请者"。

根据联合国难民署（UNHCR）的数据，截至2019年年底，全球难民和国内避难民人数达到了7950万人。世界人口约为77亿人，因此，全球约有1%的人口正被迫离开自己的故乡。其中难民人数为2600万人（其中560万人为巴勒斯坦难民），国内避难民人数为4570万人，庇护申请者为420万人，来自委内瑞拉的避难民则有360万人。更令人悲伤的是，据说难民中未满18岁的比例约为40%。

近年来，被迫离开委内瑞拉的人数急剧增加。委内瑞拉是全球最大的储油国之一，原油生产量很高，还拥有丰富的铁矿石、铝土矿和钻石等。但由于委内瑞拉的经济体制无法摆脱对这些初级产品出口的依赖,该国的经济并不稳定。2018年的通货膨胀率达到了65374%。虽然通货膨胀率在2019年下降到了19906%,但仍然面临着严峻的通货膨胀问题。供给不足导致了粮食短缺和社会混乱。

2019年,全球难民的主要来源国和人数分别为:叙利亚660万人、委内瑞拉370万人、阿富汗270万人、南苏丹220万人和缅甸110万人。仅这5个国家就占了全球难民总人数的约63%。

接受难民的主要国家及其数量:土耳其360万人、哥伦比亚180万人、巴基斯坦140万人、乌干达140万人、德国110万人。这些国家大多数与冲突地区地理上相邻。来自委内瑞拉的难民数量增加,就使得哥伦比亚接收难民的数量也增加了。2019年新增难民数量最多的国家是:叙利亚(123000人)、南苏丹(95000人)、刚果(金)(95000人)、厄立特里亚(95000人)、阿富汗(71000人)和委内瑞拉(70000人)。

日本应该如何应对难民问题?

在2020年,日本只接收了47名难民。对于3936名难民申请者,认定通过率为1.2%。然而,生活在日本的难民也是普通人,只是在尽力坚强地生活着。除了"难民"这个称呼和境遇,他们就和我们是一样的人,如果有机会和他们一起工作就可以更加深刻地体会到这一点。作为日本人,我们不应该抱有"难民很可怜"的这种距离感,而应该和这些曾被世界放逐、抛弃、忽视的人携手共同前进,迎来新的日本,这也许会是一件好事。

第 2 章

资源与数据
——愈演愈烈的争夺战

本章包含的主要统计

一次能源的净出口量，原油的可采储量，原油的产量，煤炭和天然气的产量，页岩油和页岩气的技术可采储量，一次能源供应量，铁矿石、铜矿、铝土矿的产量，主要植物油的世界生产量趋势，木材采伐量及用途，日本的可再生能源发电能力

从"出口余力"解读资源战争

NO.
20
UNDERSTANDING
ECONOMICS:
A STATISTICAL APPROACH

一次能源的净出口量

一次能源是指自然界中未经加工的资源,包括原油、煤炭、天然气等化石能源,以及水力、地热、风能、太阳能、生物燃料和垃圾等可再生能源。

出口量取决于产量减去国内消费量后的"出口余力"。例如,中国虽然是世界上最大的稻米生产国,但由于人口众多且国内消费量大,出口余力较小,因此中国的稻米出口量较少。

与之相反,尽管挪威的石油产量并没有中东产油国那么多,但原油是该国最大的出口商品。挪威不仅人口较少,水力发电技术也较为发达(2018年水力发电占总发电量的95%),原油的国内消费量较少,因此出口余力更大。

"净出口量"是指出口量减去进口量的值。下表列出了一次能源净出口量前几的国家的净出口量(换算为石油单位)、人口及人均一次能源消耗量(换算为石油单位)。净出口量前列的国家主要由OPEC(石油输出国组织)和俄罗斯等面积较大的国家组成。这些国家通过调节产油量等手段,可以对世界石油价格产生重大影响。

一次能源净出口量排名靠前的国家

国名	净出口量（万吨）	人口（万人）	人均一次能源消耗量（吨）
俄罗斯	66409	14450	5.04
沙特阿拉伯	42540	3310	6.61
澳大利亚	26876	2460	5.19
加拿大	21712	3654	8.06
印度尼西亚	20141	26465	0.84
挪威	18549	528	5.62
卡塔尔	17950	273	15.11
伊拉克	17672	3755	1.55
伊朗	16262	8067	3.25
阿联酋	13683	949	7.03
科威特	12830	406	8.50

* 各种数据统一为2017年数值

数据来源：净出口量、人均消费量数据来自国际能源署，人口数据来自世界银行

20世纪70年代的两次石油危机正是由中东产油国的减产，石油价格飙升，造成了世界经济混乱。由此促进了"脱石油化"的进程，天然气和核能的普及得以发展，并促使了非OPEC产油国的石油大量增产。OPEC对世界经济的影响之大，由此可见一斑。

日本虽然从澳大利亚大量进口铁矿石和煤炭，但从澳大利亚进口的最大宗商品则是液化天然气。此外，日本还从印度尼西亚进口煤炭和液化天然气。这两个国家对日本经济都有非常重大的影响。

目前，美国、俄罗斯和沙特阿拉伯是世界上产油量前三的国家。美国的人口超过3.2亿，人均一次能源消耗量为6.6吨。美国由于国内消费量大而出口余力小，反而更多地依赖进口，2017年原油的净出口为负3.3617亿吨。俄罗斯和沙特阿拉伯的净出口量则更高。

印度尼西亚、伊朗等国是排名靠前的人口大国，但这些国家的国

内产业发展不像发达国家那样发达,所以人均一次能源消耗量较小,也有较高的出口余力。此外,产油量或煤炭产量很高且人口不多的国家,即使国内消费量增长,也有足够的出口余力,人均一次能源消耗量一般较高。卡塔尔、科威特、加拿大、阿联酋、沙特阿拉伯、挪威等国家就是这样的例子。

资源与数据
——愈演愈烈的争夺战

第2章

"原油将在30年内枯竭"是真的吗?

NO.21

原油的可采储量

在地球目前的原油绝对储量中,被判断为可以开采并由此获利的油田储量称"可采储量"。将可采储量除以1年的产油量,得到的结果称可采年数。大约50年前,就有了"可采年数只剩下30年了"的说法,但是现在石油依然在持续生产。

这究竟是怎么回事呢?

可采储量的数值是经过技术和经济观念考虑后得出的。像石油、天然气等能源资源需要勘查确定埋藏位置才能开采。随着勘探、挖掘和生产方面技术的不断革新,开采成本逐渐降低,未来可采储量就可能增加。

实际上,现在的勘探技术确实已经取得了进步,人们也发现了新的油田和气田。就原油而言,在1980年之后,可采储量一直保持在40年左右。

截至2019年,全球原油的可采储量约2676亿立方米,可采年数为57.6年。世界上拥有最多石油储量的国家是委内瑞拉,其可采年数高达954.7年。紧随其后的是沙特阿拉伯、加拿大、伊朗、伊拉克、科威特、阿联酋和俄罗斯等国家。中东产油国的储备量仍然很大,可采年数也非常长。价格是由供需关系决定的,如果中东减产,则石油价格会上涨,反之亦然。

这就是所谓的"地缘政治风险"。地缘政治一般是指地理条件对国家或地区的政治、经济和军事等方面的影响的研究。

原油可采储量排名靠前的国家

地域	国名	可采储量（百万立方米）	可采年数（年）	产量（万立方米）	人口（万人）
中南美	委内瑞拉	48147	954.7	5043	2852
中东	沙特阿拉伯	42457	74.6	56898	3427
北美	加拿大	26695	104.9	25448	3759
中东	伊朗	24740	179.9	13754	8291
中东	伊拉克	23058	84.6	27271	3931
中东	科威特	16139	103.5	15594	421
中东	阿联酋	15550	85.9	18095	977
东欧	俄罗斯	12720	19.5	65231	14437
北美	美国	11288	15.9	70959	32824
非洲	利比亚	7690	121.9	6308	678
非洲	尼日利亚	5879	58.9	9976	20096

* 数据为 2019 年数值

数据来源：《世界国势图集（2020/21 年版）》，人口数据来自世界银行

中东以外也可以产"油"了

近年来，随着以页岩革命为代表的非传统型石油的商业化，以及石油危机后对国际稳定供应的不断摸索，中东国家的重要性已经有所下降。

非传统型石油是指那些不是从传统油田开采出来的，而是通过新技术生产出来的能源资源。在美国、加拿大、俄罗斯、澳大利亚、中国、印度等土地广阔的国家都已确认有一定埋藏储量。今后，像页岩气和页岩油这样的石油替代能源的开发也将继续进行。

此外，甲烷水合物已经确认在日本近海存在，相关的商业化研究也正在进行。虽然日本在领土内是一个资源小国，但作为岛国，日本拥有广阔的经济水域，因此从海洋的角度考虑也可以说是一个资源大国。为了利用这些资源，我们需要尽早开发新的技术。

美国已成为世界最大的原油生产国：今后的展望

NO. 22

原油的产量

直到 18 世纪后半期英国工业革命之前，人们都在利用水力、风力、畜力、木柴木炭等自然界存在的能源。但是这些自然资源的能量很小，也不稳定。在工业革命中，瓦特改良了蒸汽机，煤炭的使用得到了推广和发展。

在 20 世纪 60 年代的能源革命中，人们利用的主要能源从煤转为石油。以 1973 年的第一次石油危机为契机，除石油外，人们也开始广泛利用原子能和天然气，并重新审视了对煤炭的使用。

原油是指从地下开采出来未经加工的石油，页岩油、沙地油及凝析油等也属于原油。原油多埋藏在具有褶皱构造的地层背斜部中，并大量存在于波斯湾周围等板块收缩的交界处。根据日本能源研究所石油情报中心的定义，地下埋藏的或者由此开采出来未经过精制处理的产品被称作"原油"，而将原油精制得到的产品则称作"石化产品"。通常把它们合起来叫作"石油"。

2019 年，原油产量最高的五个国家是美国、俄罗斯、沙特阿拉伯、加拿大和伊拉克。近年来原油产量一直在增长的则是美国。

资源与数据
——愈演愈烈的争夺战

第2章

新技术带来的跃进

美国的原油产量在 2008 年以前，一直呈下降趋势。但是随着水力压裂（通常称为压裂）技术的发展，从页岩层中开采出原油和天然气变为可能。

自 2009 年以来，美国的原油产量转为上升趋势，并且从 2011 年起增长速度显著提高，在 2017 年成为全球最大的原油生产国。

此前，原油产量排名前两位的国家是沙特阿拉伯和俄罗斯。现在美国已经领先于它们。

这一连串的变化被称作页岩革命（详见本页 067 页，第 2 章 No.24）。随着这场页岩革命，美国的天然气产量也有所增加。虽然受到两伊战争（1980—1988 年）、海湾战争（1991 年）及伊拉克战

美国是世界第一原油生产国

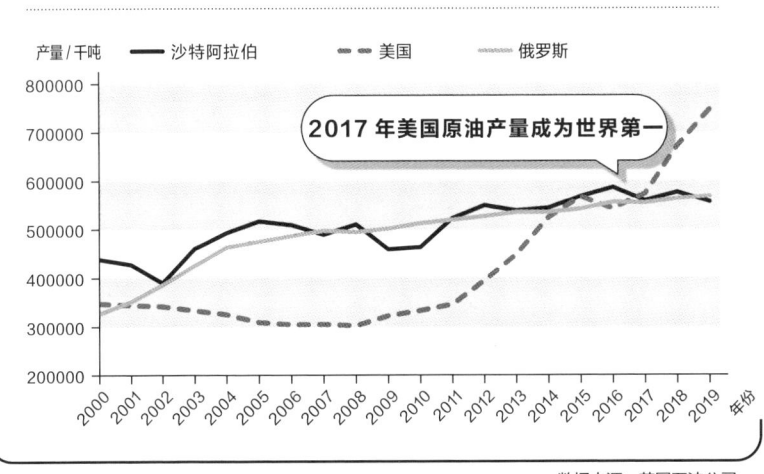

2017 年美国原油产量成为世界第一

数据来源：英国石油公司

争（2003年）等的影响，美国的天然气产量一度非常不稳定，但是自2005年以来，其天然气产量已转为增长趋势。尤其在过去10年中，美国天然气新增产量已占全球天然气新增产量的约五分之一。

关键点是"水资源保障"

石油工业今后的发展，面临着"保障注入油田所需用水""引进海外资本"和"政治局势稳定化"等挑战。特别是由于压裂技术需要大量用水，确保供水就成为石油工业重要的任务。

由于过度取水，许多河流曾经在河口附近断流，因此在使用时需要非常小心。因此，河流沿岸的人们需要在雨季等降雨量多的时期取水。此外，对于河水的使用，也有人会提出"这是破坏环境！"的反对意见。所以，水源利用不只是单纯的物理问题，也要考虑心理层面的问题。

原油仅在中东地区的储量就占了全球总储量的47.7%，OPEC成员国的储量更是占了全球总储量的70.7%。原油是一个储量分布非常不均的资源，因此，中东地区的政治局势和OPEC成员国的产量增减等因素会对石油价格产生重大影响。

煤炭和天然气的优势在于"稳定供应"

NO. 23

煤炭和天然气的产量

煤炭是源自植物的化石能源。植物在湖泊等的底部堆积,受地下热量和压力的影响使碳浓缩而生成煤炭。根据含水量的不同,所生成的煤炭质量也不同。碳元素含量最高、发热量也最高的煤炭被称为无烟煤,几乎不产生烟尘就可以燃烧。煤炭的主要用途是作为火力发电的燃料,以及炼焦的原料等。

与石油不同,煤炭的储量分布在世界各地,被认为是可以稳定供应的资源。2019年,煤炭产量最大的国家是:中国、印度、美国、印度尼西亚、澳大利亚和俄罗斯。其中,中国的煤炭产量占世界总产量的47.3%。中国的煤炭消费量也是世界最大的。由于经济增长,中国国内的煤炭产量无法满足需求,所以进口量也很大。中国的煤炭进口数量也是世界最大的。尽管规模不如中国,印度的煤炭进口量也很大。近年来煤炭产量急剧增加的则是印度尼西亚,尤其是对中国和印度这些煤炭需求大的邻国的出口量呈上升趋势。日本也向印度尼西亚增加了煤炭的进口量。

然而,近年来亚洲诸国,尤其是东南亚国家,出现了"去煤炭化"的运动。越南已经表明要优先发展可再生能源,印度尼西亚也宣布"2028年以后将不再新建煤炭火力发电站"。

天然气的特点和主要产出国

天然气和石油一样是由碳氢化合物组成的，主要成分是甲烷。由于几乎不含杂质，天然气燃烧时产生的二氧化碳和氮氧化合物较少，而且不会产生硫氧化物。此外，天然气的储量分布较均匀，并且储量丰富。从供给稳定和对环境危害小的角度来看，我们可以预计今后将会扩大天然气的使用量。

天然气在冷却至 $-162℃$ 时变为液化天然气，此时体积被压缩至原来的 1/600。与气态的天然气相比，液化天然气能够大量运输并有着较低的运输成本。液化天然气通过专用的液化天然气（LNG）船进行运输，因此液化天然气出口的增加会带来 LNG 船的购买订单。2020年 6 月，卡塔尔向韩国的造船公司签下了 2 万亿日元规模的 LNG 船订单。卡塔尔是仅次于俄罗斯的世界第二大天然气出口国。

像日本这样难以铺设管道的岛国，需要以液化天然气的形式进口天然气。2019 年，天然气产量最大的国家是：美国、俄罗斯、伊朗、卡塔尔、中国和加拿大。日本是世界最大的液化天然气进口国，主要进口来源包括澳大利亚、马来西亚、卡塔尔、俄罗斯、印度尼西亚、阿联酋、文莱等国。

特别是澳大利亚与日本一样同其他国家没有陆路相连，因此会将天然气液化后出口。2019 年，澳大利亚超过卡塔尔成为世界最大的液化天然气出口国（天然气的最大出口国则是俄罗斯）。近年来，澳大利亚通过出口液化天然气获得的收入在其 GDP 中所占的比例急剧增加。

资源与数据
——愈演愈烈的争夺战

第2章

"页岩革命"是如何改变资源战争的?

NO.24

页岩油和页岩气的技术可采储量

"技术可采储量"是指，技术上可以开采的储量中，考虑开采成本后可以开采的储量。也就是说，讨论可采储量必须满足生产成本与市场价格相符前提。所谓的"页岩"是含有油母体（可以产出碳氢化合物的固体有机化合物）的泥岩。这种泥岩被称为油页岩。从油页岩中提取出来的原油被称为页岩油，天然气被称为页岩气。

从2006年开始，美国就对这些能源进行了开发，页岩技术支持着美国不断增长的天然气消费，是救世主一样的存在。2011年，美国能源信息署（EIA）估计页岩气的"含风险的原始储量"和"技术可采储量"分别为716.42万亿立方米和187.51万亿立方米。

2011年，世界天然气的可采储量约为208.44万亿立方米，天然气的年度消费量约为3.22万亿立方米。与之相比，页岩气的储量是一个巨大的数字。

除了北美地区，中国、阿根廷和阿尔及利亚也已发现大量的油页岩储量。

2015年，页岩油的技术可采储量最大的国家是美国、俄罗斯、中国、阿根廷、利比亚、阿联酋、澳大利亚、乍得、委内瑞拉和墨西哥。

2015年，页岩气的技术可采储量最大的国家则是中国、阿根廷、阿尔及利亚、美国、加拿大、墨西哥、澳大利亚、南非、俄罗斯和巴西。

页岩气的开发吸引了许多石油巨头的加入。2009年，埃克森美孚以4万亿日元收购XTO公司，引起了大量关注。在"页岩革命"中，美国已成为世界最大的天然气生产国。美国的页岩油的产量也在增加，现在也已经是世界最大的原油生产国。

技术可采储量排名前列的国家（2015年）

页岩油		页岩气	
美国	124.3	中国	31.6
俄罗斯	118.6	阿根廷	22.7
中国	51.2	阿尔及利亚	20.0
阿根廷	42.9	美国	17.6
利比亚	41.5	加拿大	16.2
单位：亿立方米		单位：兆立方米	

数据来源：美国能源信息署

"去煤炭化"的趋势

由于火力发电燃料从煤炭转为天然气，美国的煤炭出口余力增大，煤炭出口量呈增长趋势。随着页岩气产量的扩大，天然气发电成本已低于煤炭，导致煤炭火力发电的初期投资急剧上升。使用煤炭发电几乎已经看不到经济利益，所以近年来，美国没有再新建一座煤炭火力发电厂。可以说，美国正呈现"去煤炭化"的趋势。煤炭采掘企业受到重创。2019年，美国煤炭巨头默里能源（Murray Energy）申请破产。虽然在21世纪初期美国曾是煤炭净进口国（进口量超过出口量），但经过页岩革命，美国正在逐年扩大多余煤炭的出口量。

自2018年以来，日本开始进口从页岩气中提取的液化天然气。在日本，社会正在讨论废除已有的核电站，因此，我们也应该欢迎多样化的能源供应。虽然关于页岩技术的一切听起来似乎都很美好，但页岩油气开采会对环境带来较大影响，这也是我们今后需要面临的挑战。

不依赖石油的国家采取了什么战略?

NO.
25
UNDERSTANDING
ECONOMICS:
A STATISTICAL APPROACH

> 一次能源供应量

　　一次能源供应量是指"从一次能源中在一定期间内供应的能源量",是显示我们使用了多少能源资源的指标。

　　一次能源供应量(换算为石油基准,吨/人2018年)排名靠前的国家是:中国、美国、印度、俄罗斯、日本和德国。可以看出,使用能源资源较多的都是经济大国和人口大国。

　　而如果比较人均一次能源供应量(换算为石油基准,吨/人,2018年),中国是2.29,美国是6.81,印度是0.68,俄罗斯是5.25,日本是3.37,德国是3.64。人均一次能源供应量最高的国家则是冰岛的17.40,紧随其后的是卡塔尔15.60,特立尼达和多巴哥12.24。(实际上每个国家的发电来源和一次能源的定义都不同。国际能源机构公布一次能源是经过统一换算后的数据。)

　　在许多国家,一次能源的利用以石油为中心,但这里,我们将关注那些将非石油资源作为主要一次能源的国家。

以煤炭为主要资源的原因

　　以煤炭为一次主要能源的国家有南非、中国、波兰、印度、澳大利亚。这些国家的煤炭产量较多,因此煤炭得以成为主要能源。这并不是从环境危害的角度，而是因为使用本国国内生产的煤炭比从海外进口其他能源资源（如石油和天然气）更便宜。特别是南非，由于多年实施种族隔离政策，其受到了石油禁运的制裁。南非生产以煤炭作为原料的合成油，并利用这种合成油作为替代石油的能源。

以天然气为一次主要能源的国家有俄罗斯、阿根廷、埃及、荷兰、马来西亚等，但基本上是与石油共用的。天然气在世界范围内有广泛的储藏，因此比石油的供应更稳定。此外，天然气在燃烧时排放的氧化物少，是一种清洁能源。如果一个国家能够自产这种清洁能源，肯定会积极使用它。

原子能和可再生能源是什么？

将原子能作为主要能源的国家大多是发达国家，其中是法国最为突出。乌克兰曾发生切尔诺贝利核电站事故（事故发生时，乌克兰是苏联的一个成员国），但原子能至今仍是其主要能源之一。此次事故导致意大利关闭了国内的核电站，因此意大利的核能占总能源使用量的0%。另外，澳大利亚和新西兰人口规模较小，国内的能源需求也较小，且它们拥有丰富的能源资源（澳大利亚）和可再生能源（新西兰），因此也没有必要使用核能。

使用可再生能源的比例较高的国家有冰岛和新西兰（水力和地热能源）、挪威和加拿大（水力能源）、巴西（水力、生物燃料和废弃物能源）、印度尼西亚（地热、生物燃料和废弃物能源）、越南（水力、生物燃料和废弃物能源）等。

隐藏的资源大国在哪里?

NO.
26

铁矿石、铜矿、铝土矿的产量

矿产资源是指从地下开采出的资源,分为能源资源、金属资源和非金属资源。由于需要从地下开采,国土面积大的国家往往具有丰富的储量和产量。这里我们将重点关注铁矿石、铜矿、铝土矿三种矿产资源。铁矿石的产量(换算为铁含量基准,2018年)排在前列的国家是澳大利亚、巴西、中国、印度、俄罗斯、南非。铁含量占铁矿石总重量的比例大约是60%。世界铁矿石的出口量(2017年)以澳大利亚(53.2%)和巴西(23.4%)两国为主。

铜矿的生产量(换算为铜含量基准,2015年)则是智利、中国、秘鲁、美国、刚果(金)排名靠前。特别是智利,出产了世界约30%的铜。智利、美国、秘鲁、加拿大、墨西哥等环太平洋国家的铜产量较多。日本近一半的铜是从智利进口的,其余则从秘鲁、印度尼西亚、加拿大、澳大利亚、巴布亚新几内亚等国进口。

铝土矿是"铝的矿石"。在金属元素中,铝元素在土壤中的含量最高,而铝元素是以与其他元素结合的形式存在的。在高温多雨的热带地区,雨水会将土壤中的水溶性成分溶解。这时残留下来并聚集起来的物质被称为残留矿床,其中就有铝土矿。此外,还有硬铝土矿、水铝石等。

因为这样的原因,铝土矿的储藏主要限定在热带地区,或者曾经是热带地区的地方。铝土矿的产量（2017 年）以澳大利亚、中国、几内亚、巴西、印度、牙买加等国为主。如几内亚（24.6 万平方千米）和牙买加（1.1 万平方千米）即使国土面积较小，铝土矿的产量却很大，这正是受热带气候的影响。

事实上，铜比铁更贵重！

从刚果（金）到赞比亚的铜矿带和巴布亚新几内亚的布干维尔岛都是有名的铜矿产地。由于铜带位于内陆，因此需要建设铁路以将其运输到沿海地区。

而如果比较金属的含量，铜矿的产出量只有铁矿石的约 1.4%，因此，铜矿是比铁矿石价格更高的资源。在游戏《勇者斗恶龙》系列中，道具"钢剑"的价格比"铜剑"更高，但在现实世界中，这是不可能的。

曾经法国和德国为了一个地区展开了激烈的争夺，那就是阿尔萨斯-洛林地区。由于该地区丰富的铁矿石和煤炭资源，它成为两国的纷争地区。这个在德语中被称为"阿尔萨斯-洛特林根"的地区，在普法战争（1870—1871 年）中扮演了重要的角色。

在创建以普鲁士王国为中心的统一德国的过程中，普法战争树立了"共同的敌人法国"，起到了提升德意志民族主义的作用。在普法战争期间，德意志帝国成立，阿尔萨斯-洛林地区被法国割让给德意志帝国。

后来，德国利用该地区产出的铁矿石和煤炭加速了工业革命。莱茵河向北流经阿尔萨斯-洛林地区，这里出产的铁矿石通过莱茵河的水路运往其他地区，莱茵河流域的鲁尔工业区开始发展重工业。

缓解资源纷争的智慧

在现代，对资源产地的争夺也并未停止。实际上，现在的非洲经常发生冲突和内战。军事力量得到积累后，发生进一步暴力冲突的可能性也在持续增加。

欧洲联盟的前身欧洲共同体（EC）是由欧洲煤钢共同体（ECSC）、欧洲经济共同体（EEC）和欧洲原子能共同体（EURATOM）三者合并而成的。其中，欧洲煤钢共同体正是通过创建煤炭和钢铁的共同市场，试图消除"冲突的火种"。这可以说是欧洲人为了实现政治稳定所展现出的智慧，毕竟，经济就是"对土地和资源的争夺"。

植物油的争夺战已经开始

NO. 27

主要植物油的世界生产量趋势

随着经济的发展和国民生活水平的提高,肉类、乳制品和油脂的需求也在增加。本节,我们将关注油脂类中来源于植物的油。

植物油包括大豆油、棕榈油、菜籽油、葵花籽油、芝麻油、椰子油、玉米油、橄榄油等。你可以从每种植物油的名字推测出其原料,如棕榈油就是由"油棕"生产的。此外,亚麻籽、白葡萄酒的副产品、大米、红花、花生、棉花等其他很多种类的植物也可以被加工成油。植物油中产量最高的是棕榈油、大豆油和菜籽油。

棕榈油是从油棕的果实中提取的,是所有植物油中产量最大的。这里不包括从油棕种子中提取的棕榈核油。油棕成长后可以超过20米,果实长在树冠顶端,因此收割非常困难。收割后的果实会被蒸熟,然后压榨出油。刚压榨出来的棕榈油含有大量的β-胡萝卜素,呈橙色。由于油棕全年都能结果,土地产能高且收获量大,棕榈油价格便宜且广泛流通。

棕榈油:印度尼西亚和马来西亚的独占市场

棕榈油的生产主要集中在印度尼西亚和马来西亚,这两个国家的生产量的占全球总量的80%。特别是在马来西亚,从前经济主要依赖天然橡胶种植，但随着合成橡胶的出现和橡胶树老化，为满足发达国家对油脂的市场需求，马来西亚在天然橡胶之外开始种植油棕。

马来西亚的油棕种植面积在不断扩大，从1971年到2011年的40年间，种植面积增加了24倍。农场的建立是通过热带雨林的开垦实现的，所以在棕榈油的生产过程中排放了大量的二氧化碳。因此，利用棕榈油进行的生物能源发电（利用可燃垃圾和粪便等进行发电）也不能实现碳中和。

据称，东南亚森林地带的泥炭层中储存的碳元素，大约相当于全球化石燃料使用100年的排放量。然而，由于砍伐森林，泥炭层消失并排放出大量二氧化碳。事实上，印度尼西亚是全球二氧化碳排放量较高的国家。此外，热带雨林的消失破坏了虎、象、猩猩等动物的生态系统，也夺走了原住民的居住地。

然而，我们不能简单地说"那就不用棕榈油就好了！"。即使我们想要寻找替代植物油，也不存在比棕榈油生产效率更高的植物油。如果用大豆或菜籽来替代棕榈油，需要将面积更大的森林转化为农场。因此，人们正在推广"可持续棕榈油"的生产运动。这项运动设立了一些标准，如是否通过砍伐原始森林来开发农场，是否在种植园内保护野生动物，等等，并要求在棕榈油的生产过程中严格遵守这些标准。

大豆油：中国与巴西的意外关系

生产量仅次于棕榈油的是大豆油。大豆油的最大产地是中国。随着中国近年来的经济增长和生活水平的提高，不仅油脂类的需求增加，肉类和乳制品的需求也在不断增加。因此，大豆油的原料——大豆的进口量也增长了。目前，中国进口的大豆是其国内生产量的7.28倍（2017年）。对中国扩大了大豆出口的是巴西。巴西的最大出口产品是大豆，最大的出口对象国是中国。巴西的大豆产量正在逐年增加，预计不久的将来将超过现在产量最大的美国。

菜籽油：也可用作生物柴油的原料

产量第三大的植物油脂是菜籽油。世界上最大的菜籽生产国是加拿大，但菜籽油的产量则以中国为最多。在中国，传统上菜籽的种植主要集中在内陆地区，因此内陆地区的菜籽油生产也很繁盛。但是从2008年开始，沿海地区开始利用进口菜籽生产菜籽油。中国的菜籽主要进口国是加拿大。加拿大的国内，人口并不多，因此菜籽出口余力非常大。此外，德国和法国也越来越倾向于使用菜籽油作为生物柴油的原料，这两个国家的菜籽产量也有所增加。

争夺战的机制是什么？

近年来，随着新兴国家的经济增长，对油脂类的需求在不断增加。因此，需求和供应的平衡出现了大的波动。换句话说，技术出现了对油脂类的争夺战。"争夺战"并不仅仅是关于能源资源或矿产资源的问题。尤其在经济增长显著的中国，油脂类的需求在增长，作为其原料的大豆的进口也在扩大。不仅是中国，在亚洲市场，油脂类或油脂类资源的争夺预计也将增加。

日本的油脂类自给率（以卡路里为基准）只有13%，且大部分原料都依赖进口，因此受到世界市场影响很大。需要尽快寻找稳定供应的途径。为了稳定供应，提高油脂类原料的自给率和减少油脂类消费量是有效的手段。但是与欧美国家相比，日本人均油脂类消费量本身就较小，因此提高自给率可能是最可行的方法。

日本正面临的"木材争夺战"是什么？

NO. 28

木材采伐量及用途

木材采伐量多的国家基本上就是国土面积大的国家。这并不难理解，除非像澳大利亚那样气候干燥并分布着大面积的荒漠地带。通常国土面积越广，森林面积就会越大。实际上，世界木材采伐量（2018年）的排名前几名正是美国、印度、中国、巴西、俄罗斯和加拿大，都是国土面积广袤的国家。木材采伐量包括"木料"和"燃料"。木料是指"用于某种用途的木材"，包括建筑木料、家具木料、纸浆木料等。燃料则是用于燃烧使用的木材。

树木可以分为针叶树和阔叶树。针叶树木材在英语中被称为"softwood"，因为它质地柔软且重量轻，便于运输并且易于加工。此外，它们生长直立，弯曲较少，因此非常适合作为建筑木料。针叶树的种类仅有约500种，在亚寒带地区会形成由针叶树组成的单一林带。针叶林带中很容易找到人们所需的树种，有利于林业的发展。

欧美国家多处于温带和亚寒带地区，森林面积中针叶树的比例相对较高。针叶树采伐量（2017年）的前几名是美国、俄罗斯、加拿大、中国和瑞典。

阔叶树木材在英语中则被称为"hardwood"，因其硬度高且重量大，运输困难。此外，阔叶树的弯曲较多，生长方向多变，加工困难。因此，阔叶树更多地被用作家具、乐器、纸浆、燃料等用途。阔叶树种类丰富，约有 20 万种，森林多为多种树木组成的混交林。阔叶树采伐量（2017 年）的前几名是印度、中国、巴西、美国和印度尼西亚。

日本的森林面积占国土面积的 68.4%，其中 82.6% 是针叶林。由于日本约 73% 的国土为山地和丘陵地，森林多在海拔较高的地区分布，因此与其他国家相比，针叶树占比较高。然而，由于山地林多于平地林，无论从物理还是经济角度来看，伐木都是困难的。如果要有效利用在山地采伐的木材，就需要建立将其运输到市场的基础设施。为每个山地建立运输基础设施会花费大量的时间和费用。因此，与其修建山路进行森林采伐，不如从海外进口便宜的木材更有效率。日本的木材自给率只有 36.6%（2018 年），并不算高。

然而，近年来日本的木材自给率正在提高。这背后的原因包括：在胶合板制造行业中增加了国产间伐材的使用，俄罗斯提高针叶树原木的出口关税导致日本的进口量减少，在战后种植的树木已经成长至可以采伐的时期，等等。日本的木材进口主要来自加拿大、美国和俄罗斯。

中国的下一步是什么？

近年来，日本对华木材出口正在增长。这主要是由于中国国内的情况。尽管中国的国土面积很大，但森林覆盖率只有 23.04%（2020 年）。因此，人均森林面积非常小。

近年来，随着木材消费量增加，出于环境保护的考虑，中国一些省份和自治区全面禁止了天然林的采伐。在这样的环境下，中国开始在日本寻找木材供应商。虽然日本的山地森林很难利用，但如前文所述，由于战后种植的树木已经成长到采伐期，可以进行采伐的数量正在增加。特别是九州地区对华出口正在增加。

此外，在日本，外国资本对森林的收购也在增多。据林野厅统计，2019年一年在日本购买森林的外国企业和个人中，来自中国的购买者最多。从2006年到2019年的统计数据来看，被外国资本购买最多的是北海道的二世谷町，然后是俱知安町、兰越町，都是著名的度假胜地。

木材以"原木"或"锯材"的形式进行交易。全球原木出口量最大的国家（2018年）是新西兰。

新西兰主要分为北岛和南岛。在南岛，纵贯全岛的南阿尔卑斯山脉阻挡了西风，上风方向的山脉西侧成为多雨地区。其中的一个城市——霍基蒂卡市的年降雨量约为2800毫米，是降雨量很大的区域。在这样的自然环境下，森林分布广泛，林业十分发达。此外，新西兰的人口约为492万，本国消费量较小，大部分木材被出口。新西兰的第三大出口商品是"木材"（第一名是乳制品，第二名是肉类）。值得一提的是，日本企业王子制纸在新西兰的内皮尔市设立了浆纸厂，并以此城市为名创立了"nepia"这个品牌。（译者注：nepia是日本知名的纸巾品牌，中文品牌名为妮飘）

日本是世界第五大可再生能源国家

NO. 29

日本的可再生能源发电能力

可再生能源是指自然能源或生物质等自然界中一直存在的能源。它的特点是对环境的影响小,无须担心枯竭,且不排放二氧化碳。

然而,可再生能源发电也存在一些局限。例如,需要大型设备;受天气等影响供应不稳定,无法根据需求发电;发电成本较高;等等。在日本,法律规定了可再生能源的类型,包括太阳光能、风能、水能、地热能、太阳热能、大气能和其他自然界中存在的热量、生物质共 7 种。其中,水能发电量有时在统计报告中单独表示,不包括在可再生能源统计中。

根据美国能源信息署的统计,2018 年日本的可再生能源(不包括水电)发电量在中国、美国、德国、印度之后,位居世界第五。可再生能源发电量占总发电量的比例约为 14%,其中"太阳能发电"比例最高,为 6.36%;其次是"生物质/废弃物发电",比例为 4.49%。

日本太阳能发电普及的原因

日本太阳能发电的普及主要是由于国家政策的推动。太阳能系统的普及促进融资制度(1980—1996 年)和固定价格购电制度(FIT,2012 年实施至今)两项政策起到了重要的作用。(译者注:固定价格购电制度 FIT 是一项由日本政府保障的制度，规定电力公司在一定期限内以固定价格购买可再生能源发电产生的电能。通过这项制度，从事可再生能源发电的企业可以确保发电所得的电力能够以确定价格出售，降低了发电企业的风险，因此该政策推行后，许多企业开始投资进入可再生能源发电行业）

日本在 1973 年的第一次石油危机后推出了促进新能源技术研究开发的"阳光计划"（1974—2000 年）。阳光计划刚开始时，太阳能电池的制造成本为每瓦数万日元，而现在只需要每瓦数百日元，由此太阳能电池技术实现了商品化。当 2012 年固定价格购电制度开始施行后，太阳能发电迅速得到了大面积利用和推广。

日本的太阳能发电量（TWh）在 2011 年为 4.84，2012 年为 6.61，2018 年为 62.67。日照时间越长，对太阳能发电越有利。日本海沿岸地区冬季受到大陆季风影响降水量较大，和日本列岛北部地区等都不利于太阳能发电。所以，日本的太阳能发电量主要集中在太平洋沿岸的县。此外，太阳能发电量在内陆的山梨县、长野县、群马县等年降水量较少的县份也较多。

日本是一个化石燃料稀缺的国家。日本一直在推进石油、煤炭、天然气等能源资源的稳定供应，并积极开发和运营核能发电。然而，2011 年的东日本大地震迫使日本人重新审视核能发电，开始期待可再生能源。

由于前文提到的固定价格购电制度，太阳能发电在日本得到了普及。虽然固定价格购电制度规定的购买价格呈逐年下降的趋势，但太阳能发电的安装成本也在降低。作为解决环境问题的重要方案，清洁能源太阳能发电预计今后也将继续普及，这也符合可持续发展目标（SDGs）。当然，太阳能发电在夜晚无法进行，因此预计太阳能发电系统和蓄电系统的组合销量将会继续增加。在未来,可能会出现各家各户的电力能够自给自足的时代。

在日本,生物质的发电量也在增加。

生物质包括家畜排泄物、纸浆废料、废纸等废弃物,农作物和森林剩余物(不能用于建筑材料等的剩余物)等未利用物,糖质资源(如甘蔗等)、油脂资源(如菜籽、大豆等)、淀粉资源(如稻米、玉米等)等资源作物。

这些资源的利用可以有效实现节约能源和地方生产地方消费。此外,生物气是指来源于生物质的燃气。与太阳能发电一样,2012年开始的固定价格购电制度,也使生物质发电得到了推广。

至今为止,生物质被认为是利器。然而实际上,为生产和运输油棕等燃料,依然会使用化石燃料,也依然可能会排放温室气体。所以,生物质发电也并不一定能减少对环境的负担。因此,也有一些意见认为:"生物质发电作为固定价格购电制度的对象是不恰当的。"今后,利用各地区产生的废弃物将变得重要。

日本列岛位于环太平洋造山带,是一个有四个板块集合的地震和火山多发国。在这样的环境下,日本拥有的地热资源量仅次于美国和印度尼西亚,位居世界第三。然而,这些地热资源只有2%被利用了。这主要是因为,自20世纪60年代后期以来,当时的日本环境厅(译者注:后改组为环境省)曾发出通告规定自然公园内的地热不得推进除现有发电站外的开发;当时正在推进核能发电;温泉行业的反对意见;等等原因。现在日本的地热发电没有得到充分的开发,且相关的人才也没有得到培养。

资源与数据
——愈演愈烈的争夺战

第2章

日本利用的可再生能源

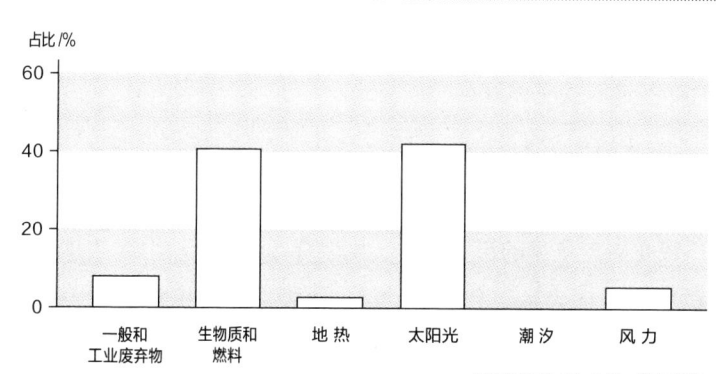

占比/%

类别	占比
一般和工业废弃物	~8
生物质和燃料	~40
地热	~2
太阳光	~42
潮汐	0
风力	~5

※根据 IEA Statistics 数据制作。
除水力外可用于电力供给的可再生能源占比（2015年数据）

出自：东京学艺大学入学考试 地理（2019年）

南美和非洲森林破坏的原因

NO.
30

世界森林面积的变化

二氧化碳是典型的温室气体。虽然有各种观点,但人为排放的二氧化碳一般被认为是导致全球变暖的主要因素。植物吸收二氧化碳并排放氧气。因此,简单来说,森林面积越大,植物体内的碳储存量就会增加。据说1公顷(0.01平方千米)的森林中储存了约100吨的碳。

2020年,联合国粮食组织《2020年全球森林资源》报告显示,全世界的森林面积约为40.6亿公顷(占陆地面积的约31%),其中约45%分布在热带地区。此外,森林的分布并不均匀,仅俄罗斯、巴西、加拿大、美国和中国五国就拥有世界约54%的森林。如果满足森林形成的条件,那么国土面积广大的国家,森林资源就会丰富。

然而自1990年以来,世界的森林面积减少了1.78亿公顷。这相当于非洲利比亚的国土面积,是日本国土面积的约4.7倍。虽然世界的森林面积依然在持续减少,但与"1990—2000年"相比,"2000—2010年"的减少幅度已经降低。

哪里的森林破坏最严重?

南美拥有被称为"地球之肺"的广大热带雨林,因此该地区的碳储存量是世界最大的。但是，由于近年来的经济发展，高速公路建设、牧场建设、农田扩张等导致森林面积减少，碳储存量也在减少。虽然减少幅度在缩小，但仍然处于较高水平。

非洲有很多发展中国家，现在还有许多国家从事劳动密集型农业，孩子是重要的劳动力。因此，人口增长率非常高，食物和能源需求大，森林破坏严重，尤其是人口最多的尼日利亚。

在亚洲，东南亚的森林面积减少最为严重。一部分原因是印度尼西亚、马来西亚等国家增加了油棕种植园。印度尼西亚的国土面积是日本的约5倍，因此对整个东南亚的影响非常大。

澳大利亚森林面积减少的主要原因是干旱和森林火灾。在20世纪，澳大利亚已经经历了6次严重的干旱，在21世纪已经经历了2次。这背后的原因是厄尔尼诺现象的发生。当厄尔尼诺现象发生时，从东南亚到澳大利亚的高气压力量会增强。澳大利亚的气候干燥，原本的降雨量并不多。如果干旱持续很长时间，森林地带会极度干燥，容易燃烧。一旦发生火灾，树木就变成了"燃料"。

也有森林面积在增加的地区

另一方面，北美、欧洲（包括俄罗斯）及东亚地区的碳储存量都呈现增长趋势。由于环保意识的提高等，造林和森林保护活动正在推进。全球森林中，约93%是天然林，约7%是人工林。尽管天然林面积在减少，但人工林面积呈现增长趋势。

森林面积减少最多的国家及其变化

● 1990—2000 年

国 名	1年间消失的森林面积（公顷/年）
巴西	2890
印度尼西亚	1914
苏丹	589
缅甸	435
尼日利亚	410
坦桑尼亚	403
墨西哥	354
津巴布韦	327
刚果（金）	311
阿根廷	293

● 2000—2010 年

国 名	1年间消失的森林面积（公顷/年）
巴西	2642
澳大利亚	562
印度尼西亚	498
尼日利亚	410
坦桑尼亚	403
津巴布韦	327
刚果（金）	311
缅甸	310
玻利维亚	290
委内瑞拉	288

关注点

虽然森林减少的速度在放缓，

但世界的森林依然在被破坏

数据来自：联合国粮食及农业组织

第 3 章

贸易与数据
——透露出国家间的考量

本章包含的主要统计

世界人均贸易额和贸易依赖度，日本的贸易统计，美国的贸易对象，中国的贸易对象，东盟的贸易对象，欧盟的贸易对象，马来西亚出口品类的年度推移，澳大利亚1960年与2010年的贸易对比，知识产权使用费的贸易额，日本对亚洲各国的直接投资额

贸易的基础：进军国内还是国外市场？

NO.
31

UNDERSTANDING
ECONOMICS:
A STATISTICAL APPROACH

世界人均贸易额和贸易依赖度

让我们一起看看2019年世界的贸易额。排名第一的是中国（45779亿美元），第二是美国（42106亿美元），第三是德国（27233亿美元），第四是日本（14265亿美元），第五是荷兰（13442亿美元）。

中国和美国都是非常特殊的国家，很难与其他国家直接比较。但德国和荷兰的人口较少，分别只有日本人口的65.80%和13.70%。换句话说，日本的人均贸易额不可能大于德国和荷兰。

如果比较上述各国的人均贸易额，中国是3246美元，美国是12828美元，德国是32759美元，日本是11583美元，荷兰是77556美元。其中人均出口额是多少呢？日本是5588美元，虽然高于美国的5006美元，但低于德国的17916美元和荷兰的40882美元。日本的人均出口额不仅低于德国和荷兰，还低于法国（8514美元）、英国（7028美元）、意大利（8918美元）、比利时（38919美元）、西班牙（7095美元）等欧盟其他国家。

解读贸易的关键在于"国内需求"

造成上述状况的主要因素是人口规模。日本有1.2627亿人口

（2019年），国内需求大，仅内需就足以支撑经济。有很多企业的目标就不是吸引海外需求，而是满足国内需求。一些日本企业尽管拥有高技术水平，但并没有在海外市场上推广销售，并不是因为"日本的技术力低，日本产品在海外市场上不受欢迎"。

贸易依赖度（出口和进口额占GDP的比例）通常在资源丰富的国家和新兴国家中较高。前者作为资源产地可以向海外供给资源；后者则利用低价劳动力为武器，得以引进外资，推动以出口为导向的工业发展，所以这两类国家的出口依赖度都较高。

贸易的基础：进军哪个市场？

日本
人口1.2627亿人

国内需求大 → 主攻国内市场

新加坡
人口570万人

国内需求小 → 主攻国外市场

实际上，一方面，日本的出口依存度只有13.7%，远低于德国的38.3%和荷兰的61.2%。但德国和荷兰都是欧盟成员国，与日本的情况又有所不同。另一方面，也有出口依赖度超过100%的国家和地区，如新加坡和中国香港，这背后的原因是转口贸易。在人口众多且国内需求大的国家，如日本，满足国内需求更重要。然而，人口较少的国家如新加坡（570万人），国内的产品会很快使市场饱和。因此，需要积极引进海外需求。但是，由于人口较少，生产的产品并不多。此外由于土地面积小，矿产资源稀缺，也不能通过这些产品的出口赚取外汇。因此,两地利用地理优势,长期从事转口贸易,将从其他国家进口的产品出口到第三方。

理解"需求与供应"是非常困难的

通过出口总额的统计数据,很难真正理解最终需求的出口依赖度的实际情况。

例如,某日本公司在中国当地设立分公司,向其出口中间产品。进口了中间产品的当地公司完成加工,然后向美国出口最终产品。在这种情况下,日本生产的产品的最终需求地是美国,因此,日本的出口实际上会受到美国国内需求增减的影响。但是,只有从日本到中国的出口额被计入日本的出口总额,因此很难通过统计数据掌握实际情况。

"从美国转向亚洲":日本的生存策略

NO. 32

日本的贸易统计

2019年的日本贸易额统计中,日本的出口额为769317亿日元,进口额为785995亿日元。贸易收支为16678亿日元的赤字亏损。

日本的出口商品中,主要包括机械类、汽车、汽车零部件、钢铁、塑料、精密机械等。许多发达国家的出口商品的排名都是"第一机械类,第二汽车",日本也是如此。而日本的进口商品主要为机械类、原油、液化天然气、服装、药品、煤炭等。接下来,我们将单独分析日本与东盟、欧盟以及中国的贸易。

下表显示了日本与东盟、中国、欧盟之间的主要出口和进口商品的金额排名前五的商品。

我们首先从日本与东盟(ASEAN,东南亚国家联盟)的贸易统计开始。不仅是东盟,日本与亚洲各国和地区都建立了相互依赖的关系。日本出口零部件,从生产基地国家进口成品,这是由国际分工体系的发展导致的。

笔者认为,今后这种趋势还将进一步加强。日本原本是"制造业大国",但是正在逐渐转型成为新兴国家的零件提供地。

日本按金额排名的进出口产品（前5位）（2019年）

排名	东盟		中国		欧盟	
	东盟对日本出口	东盟向日本进口	中国对日本出口	中国向日本进口	欧盟对日本出口	欧盟向日本进口
1	液化天然气	钢铁	通信设备	半导体等电子零件	药品	汽车
2	服装	半导体等电子零件	服装	半导体等的制造设备	汽车	汽车部件
3	绝缘电线/电缆	汽车部件	电子计算机及周边机器	塑料	有机化合物	发动机
4	通信设备	汽车	音像图像设备及零件	汽车	科学光学设备	电气测量仪器
5	半导体等电子零件	发动机	金属制品	科学光学设备	发动机	科学光学设备

数据来源：日本财务省贸易统计

东盟的工业发展非常迅猛。2015年12月，东盟经济共同体（AEC）的成立也对东南亚地区的贸易产生了重大影响。尽管如此，东盟向日本的出口，依然是液化天然气和服装等品类占据着上位。

在日本与中国的贸易统计中，我们可以看到服装也是中国对日本出口商品中排名靠前的品类。中国是世界上最大的棉花生产国，并且凭借大量的劳动力资源已经成为棉纺织品的全球制造基地。然而，由于中国国内约70%的棉花产量集中在内陆地区，考虑到运输成本及产量等因素，仍需大量进口棉花。因此，中国也是世界上最大的棉花进口国。同时，中国也是全球的机械制造基地，因此通信设备、电子计算机、音像图像设备等的生产和出口十分活跃。

另一方面，中国从日本进口了半导体等电子零件、半导体等的制造设备、塑料、汽车等，这些都是日本擅长的领域。

让我们看一下日本与欧盟的贸易统计。日本从欧盟进口的商品包括药品、汽车、有机化合物、科学光学设备等相对较贵的产品，而日本和欧盟都在向对方出口汽车。许多发达国家的出口统计的第 1 名都是机械类，第 2 名则是汽车，发达国家之间的汽车进出口非常活跃。

日本今后要如何生存？

曾经，日本的贸易基本以进口原材料，加工后出口成品的加工贸易为主。在经济高速增长期，日本从原本以纺织品为主的出口转向了钢铁和船舶等的出口。当时日本的主要产业是钢铁业、造船业、铝业等。在经济高速增长期结束，日本进入稳定增长期后，汽车和精密机械等的出口量增加了。特别是汽车行业，到了 20 世纪 80 年代，日本与美国发生贸易摩擦，1985 年签订了《广场协议》。《广场协议》导致日元升值，削弱了日本的出口，日本企业开始在海外进行"现地化"生产。

由此，日本本地的制造品出货量和就业机会减少，开始呈现所谓的"产业空洞化"。曾经，日本与美国的贸易额在日本总贸易额中占比很大；但从 2000 年开始，日本与包括中国在内的亚洲各国的联系更加紧密。现在日本主要出口零部件，再从海外进口生产的成品，加工贸易的性质已经大大减弱了。随着国际分工体制的确立，日本企业将制造部门转移到海外，在国内则注重充实研发部门。日本企业今后将越来越需要专注于零部件和服务的出口，并需要进一步提高技术水平。

通过数字理解"美国优先"的历史

NO. 33

UNDERSTANDING ECONOMICS : A STATISTICAL APPROACH

美国的贸易对象

美国是一个既有财政赤字又有贸易赤字的国家,因此有"双重赤字"这个词语。但是,可能很少有人知道美国具体向哪些国家出口什么,以及从哪些国家进口什么。

2018年,美国的主要贸易伙伴包括加拿大、墨西哥、中国和日本。特别是加拿大和墨西哥是美国陆地相连的邻国,1994年生效的《北美自由贸易协定》(NAFTA)也对推动几个国家间的贸易有重要作用。最初是1988年签订的《美加自由贸易协定》,后来墨西哥也加入,形成了一个庞大的经济区。许多美国公司将工厂迁移到墨西哥,利用墨西哥廉价的劳动力资源生产工业产品,并将成品从墨西哥出口到美国。这导致了美国国内就业机会的减少。

你知道1955年发生的"1美元衬衫事件"吗?由于日本对美国的女士衬衫出口急剧增加,美国要求日本自行限制棉制品出口。这被认为是日美贸易摩擦最初的起源。之后,从1965年起,美国对日本的贸易赤字成为常态,美日之间长期存在贸易摩擦。

在20世纪80年代初的汽车贸易摩擦和日益升温的反日情绪的影响下,1985年的《广场协议》强制日元升值。之后,日本企业开始转移到海外生产,日本国内出现了"产业空洞化"。

近年来,美国与被称为"世界工厂"的中国的贸易额呈增长趋势，中国已成为美国最大的进口国。但是，根据 2019 年的统计数据，美国对中国的原油出口量和机械类进口量等都有所减少。这可以归因于前任特朗普政府发起的中美贸易战。

美国的主要贸易国（2018 年）

出口

加拿大	298901
墨西哥	265010
中国	120341
日本	74967
英国	66228

进口

中国	539503
墨西哥	346528
加拿大	318481
日本	142596
德国	125904

单位：百万美元

数据来源：国际货币基金组织

美国与俄罗斯和OPEC的石油战争

让我们来看看美国的贸易品类。2018 年，美国的出口商品中排名前两位的是机械和汽车，这也符合其作为发达国家的地位。第三位起依次是石油制品、精密机械、药品和塑料。近年来，美国的页岩气和页岩油的产量增加，在 2019 年 9 月，美国自 1949 年以来的 70 年间首次成为单月原油净出口国（出口量大于进口量）。这可能预示着美国将与OPEC和俄罗斯争夺石油价格控制权。

以往OPEC通过在石油价格下跌时减产等措施，拥有对石油价格压倒性的控制力。这非常合理，因为OPEC占全球石油产量的比例很大，人们别无选择只能接受它的"开价"。

现在，美国正作为石油生产国崭露头角。俄罗斯是世界最大的石油生产国之一，其主要出口产品正是原油、天然气和石油制品，因此俄罗斯不可能接受"美国石油崛起导致的石油价格下跌"。因此，俄罗斯将与OPEC一道对抗美国。然而，OPEC的领导者沙特阿拉伯（逊尼派）和伊朗（什叶派）虽然都是伊斯兰国家，但宗派不同，OPEC内部并不是团结一心的。

另外近年来，美国向印度、荷兰等国的原油出口增加。2018年的美国进口商品品类中，机械类最多，其次是汽车、原油、药品、服装、精密机械和石油制品，美国不仅从中国进口商品，也从墨西哥进口汽车，从爱尔兰进口氮杂环化合物，从越南进口通信设备，等等。

"给美国更多的就业机会！"

2020年7月1日，《美国–墨西哥–加拿大协定》（USMCA）取代了之前的《北美自由贸易协定》。这两个协定的主要区别在于对"原产地规则"的修订。修订大幅提高了汽车企业进口无关税汽车的标准。

具体来说，如果美国公司在墨西哥生产汽车并进口到美国，那么需要满足以下两个条件：①由时薪16美元以上的工人完成的生产占40%~45%；②"区域价值成分"的标准从之前的62.5%大幅提升到75%。"区域价值成分"是通过"[（商品的净成本）−（非原产材料价值）]÷（商品的净成本）×100"计算得到的。

此外，在特惠关税（对发展中国家或是特定地区为原产地的某些进口商品，征收比较低的关税）的适用条件中，规定了70%以上的钢铁和铝必须在区域内采购。

换句话说，新的协定要求汽车企业不能仅使用廉价劳动力，而要让高薪工人参与生产，并且汽车部件的75%以上必须在北美地区制造。这种做法的目的是创造美国本地的就业机会。这对日本企业的影响也不小，它们可能将不得不在美国扩大本地生产规模和雇用更多的员工。

世界工厂——中国的优势和劣势

NO. 34

中国的贸易对象

1992年的1~2月，被誉为中国改革开放总设计师的领导人邓小平视察了中国南方地区，发表了推动改革开放一系列的谈话。在此之前，中国正在针对"计划经济"还是"市场经济"进行争论。邓小平指出，"计划经济不等于社会主义，资本主义也有计划；市场经济不等于资本主义，社会主义也有市场"，邓小平提出了改革开放的路线，为这一争议画上了休止符。这就是所谓的"邓小平南方谈话"。

中国是一个社会主义国家。通过发展"社会主义市场经济"，积极引进外国资本发展制造业，提高生活水平并促进服务业的增长，实现了巨大的经济发展。2018年，中国的贸易总额居世界第一，与前一年同比增长达9.7%，也是中国贸易额的历史新高。

中国以廉价而丰富的劳动力成为"世界工厂"。机械类、服装和纺织品是中国的主要出口产品。此外，家具、鞋类和玩具的生产和出口也非常繁荣。中国的出口伙伴主要是市场规模庞大的美国、日本、韩国和德国等国家，同时也向中国香港等地区进行中转贸易出口。

中国的出口额有时会出现与前年相比的负增长（2009年、2015年、2016年），但总体上呈现增长趋势。特别是从2000年开始增长明显。中国的GDP也在不断增长，每年都创下历史新高。中国的出口依存度从20世纪80年代的不到10%，到20世纪90年代超过

10%，2000 年超过 20%，2004 年超过了 30%（30.51%）。然而，出口依存度自 2006 年以 32.29% 达到峰值后，呈逐年下降趋势，2019 年为 16.86%。这表明，近年来的中国已经不仅仅是一个简单的"世界工厂"，国民生活水平的提高也带动了国内需求的扩大。

中国的主要贸易国家和地区（2018 年）

出口		进口	
美国	480689	韩国	202995
中国香港	303725	日本	180479
日本	147565	中国台湾	177130
韩国	109524	美国	156259
越南	84223	德国	106214

单位：百万美元

数据来源：国际货币基金组织

根据"中国的进口"可以得出的信息

中国是工业制品的制造基地，从日本和韩国采购了大量零部件。因此，中国最大的进口来源是韩国，其次是日本和中国台湾地区。此外，中国大部分铁矿石和煤炭都来自澳大利亚。中国虽然是世界上铁矿石和煤炭产量最高的国家，但由于国土辽阔，国内运输成本较高，可以通过更廉价的海运向澳大利亚大量进口。

在国内需求扩大的背景下，中国目前是世界上最大的原油进口国

（2017年）。此外，由于中国正在推进发电燃料的"去煤炭化"，近年来液化天然气进口也在增长。随着国民生活水平提高，中国对肉类、油脂和乳制品的需求也在增加。因此，食品和饲料谷物的进口额也呈增长趋势，中国的农产品贸易现在已出现赤字。

另一方面，由于出口扩大，2006年中国的外汇储备额达到世界最高。这是因为从中国出口的商品必须以外币结算。例如，日本从中国进口商品时无法用人民币结算，必须使用日元等进行支付。中国的出口越多，外汇储备就会越高。

在2017年开始的"中美贸易战"中，中美双方开始互相征收额外关税，再加上美国的政权交替，未来的中美贸易走向备受关注。

贸易与数据
——透露出国家间的考量 | 第3章

繁荣的国内市场，东盟的崛起

NO.
35

UNDERSTANDING
ECONOMICS:
A STATISTICAL APPROACH

东盟的贸易对象

根据2018年的统计数据，东盟的出口额为14330亿美元（比前一年增长11%），进口额为14197亿美元（比前一年增长11.2%）。出口和进口都有两位数的增长，东盟整体的经济增长可见一斑。特别是与中国的出口和进口额大幅增加。对华贸易在东盟出口总量中占14.0%，进口总量中占20.5%。可以说，东盟和中国的经济联系非常紧密。在东盟成员国中，将中国视为最大贸易伙伴的有新加坡、泰国、马来西亚、印度尼西亚、越南、菲律宾和缅甸7个国家。

东盟成立于1967年（欧盟的前身EC也于同年成立），由于还是冷战时期，当时的东盟由反共产主义国家参与，具有一定政治性质。原始成员国有印度尼西亚、新加坡、泰国、菲律宾和马来西亚5个国家。1984年，从英国独立的文莱加入了东盟。1991年苏联解体后，东盟由"政治组织"开始转变为旨在促进区内贸易的经济组织。越南（1995年）、老挝（1997年）和缅甸（1997年）、柬埔寨（1999年）纷纷加入了东盟。至此，形成了"东盟十国"的局面（候选国东帝汶尚未加入）。

近年来，东盟各国正从垂直贸易（出口初级产品，进口工业产品）转向水平贸易（工业成品的相互进出口）。为通过区内贸易的自由化来提高国际竞争力，还设立了东盟自由贸易区（AFTA）。1997年亚洲金融危机之后，东盟提出了东盟经济一体化的构想，并于2015年建立了东盟经济共同体。东盟自由贸易区主要针对商品的自由化，而东盟经济共同体则包括了服务贸易和投资的自由化、关税壁垒的消除等，旨在实现进一步的经济一体化。

2019年4月，东盟秘书处公布的东盟十国的经济增长率为5.2%。虽然比前一年减少了0.1个百分点，但仍呈较高的经济增长率。特别是印度尼西亚、泰国和越南的拉动效应最为明显。印度尼西亚是人口大约2.7亿人的人口大国。由于国内市场庞大，印度尼西亚的个人消费对东盟的经济增长影响巨大。此外，泰国的出口有所增长，越南的制造业投资也在扩大。

超大型经济圈诞生了！

2020年11月，东盟十国以及包括中国、日本、韩国、澳大利亚、新西兰在内的15个国家签署了《区域全面经济伙伴关系协定》（RCEP），一个占据全球人口和GDP约30%的巨大经济圈应运而生。区域全面经济伙伴关系协定的主要内容包括取消和降低关税，简化进出口手续等。

对于日本来说，这是与中国和韩国的首个自由贸易协定。预计电动机和锂离子电池等汽车零部件、钢铁产品和家电产品，以及在海外受欢迎的日本酒和烧酒等的出口会有所增加。另外，在进口方面，大米、牛肉和猪肉等肉类，乳制品等重要的品类都没有纳入减少或取消关税的范围内。《区域全面经济伙伴关系协定》对日本有诸多利益，对东盟意味着贸易的扩大，在今后的全球经济中，东盟的存在感可能会进一步增强。

为扩大区内利益，欧盟有哪些考量？

NO. 36

欧盟的贸易对象

根据欧洲统计局的数据，2018年欧盟的出口额为54759亿欧元（比前一年增长4.7%），进口额为54275亿欧元（比前一年增长5.6%），出口和进口额都有所增长。

再来看看贸易在欧盟区内和区外的分布比例。在出口贸易中，区内出口占64.3%，区外出口占35.7%。而进口贸易中，区内进口占63.5%，区外进口占36.5%。欧盟是一个以扩大区内贸易为目的而成立的组织，这样的数字是符合期待的。

从区外出口的商品类别来看，机械类和运输设备类（如汽车和汽车零部件、飞机等）的比例最大，占41.3%。其次是杂货，占22.5%（如包类、衣物、鞋类、精密仪器等），化学工业产品占18.2%（如药品、塑料等）。正如其他章节中已提到的，对许多发达国家来说，出口商品中"第一名都是机械类，第二名则是汽车"。法国是空客总部所在地，因此欧盟的飞机出口也非常兴盛，由此我们不难理解，运输设备在欧盟出口中占据的巨大比例。杂货包括了各国的奢侈品等，化学工业品则主要包括药品和塑料。上述这些高单价商品通常都在发达国家生产。

从区外进口到欧盟的商品类别中，机械类和运输设备类占比最大（31.3%），其后依次是杂货（25%）、矿物燃料和润滑油等（20.8%）。矿物燃料和润滑油主要包括从俄罗斯、挪威、中东国家和北非国家等地进口的原油和天然气。

欧盟在与哪些国家进行何种交易？

欧盟的出口贸易中，最大的贸易伙伴是美国，其次是中国和瑞士。主要出口商品包括汽车和药品。

欧盟的进口贸易中，最大的贸易伙伴是中国，其次是美国和俄罗斯。从中国进口的主要是电气设备和办公设备，从美国进口的主要是发动机、药品、运输设备和飞机，从俄罗斯进口的主要是矿物燃料。

在笔者之前的著作《地理上的经济学》中也提到过，荷兰是俄罗斯的主要出口国（在前作出版时是最大的，但现在是第二大）。荷兰的正式名称是"荷兰王国"，意为"低地"。正因为比周围地区低，国土的大约25%是围垦建造的圩田。由于莱茵河流经荷兰，荷兰成为了欧洲的门户。俄罗斯向荷兰出口原油，荷兰将其转化为石油产品并出口到德国。

在欧盟，人们正在强势推动对《巴黎协定》的遵守。环境保护已经不再仅仅是"可持续发展"的要素，而是与法律的控制和对基本人权的尊重并列的核心价值观。例如，人们担心与南美南方共同市场（MERCOSUR）签订的自由贸易协定会加剧热带雨林的破坏、引发气候变化等环境问题。这也是这一自由贸易协定的最终签署和审批变得不确定的原因。

此外，在对美贸易和对华贸易的态度上，欧盟成员国并未统一意见。中美关系对欧盟的影响非同小可，可以说欧盟现在仍在观察中美关系的未来走向。

从农业国转为工业国！马来西亚的生存战略

> 马来西亚出口品类的年度推移

请看下面给出的，某个国家的出口商品品类及其比例（2018年），请问这是哪个国家呢？

第一名是机械类（占42.2%）（其中集成电路占17.3%），第二名是石油制品（占7.3%），第三名是液化天然气（占4%），第四名是原油（占3.8%），第五名是精密机械（占3.6%）。

从机械类、石油制品和精密机械的出口比例来看，你可能会想"是发达国家吗？"与此同时，这个国家也在积极出口液化天然气和原油等燃料。你猜出是哪个国家了吗？

答案是马来西亚。让我们一起来看马来西亚出口品类的年度推移。

在1960年（当时还是马来亚联合邦），天然橡胶占据了出口的50%以上。这被称为单一经济，即国家的经济依赖于特定的农产品或矿产资源的状态。

马来亚联合邦于1957年独立（马来西亚于1963年成立）。从下一页的图中可以看出，在独立初期，天然橡胶和锡是其主要的出口产品。含有大量橡胶的是一种叫作Hevea brasiliensis（巴西护漠树）的植物，这种植物多生长在巴西的亚马孙盆地。这就是人们说"天然橡胶的原产地是亚马孙"的原因。那么马来西亚是怎样开始种植橡胶的呢？

1822年9月7日，巴西从葡萄牙独立。独立出来的巴西为了垄断橡胶市场，在1825年开始征收出口税，并制定了禁止橡胶种子和苗木出口的法律。橡胶种植需要大量的劳动力，所以巴西引进了大量的非洲黑奴。这就是现在的巴西有很多非洲裔人口的原因。

1839年，C. Goodyear发明了橡胶硫化法，奠定了橡胶加工业的基础，从而增大了对橡胶的需求。1876年，英国人从巴西成功走私出橡胶树——也可以说是"小偷"了。随后，橡胶被引入了英国当时的殖民地马来半岛，开始了广泛种植。马来西亚就是这样延续了天然橡胶的单一经济的。

马来西亚的出口商品变化

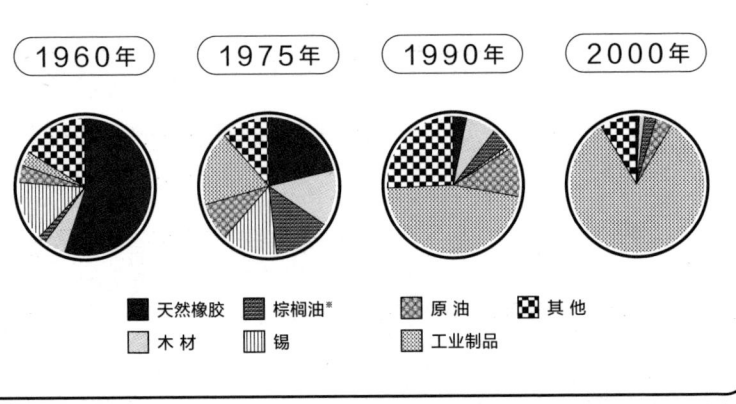

1960年　1975年　1990年　2000年

■ 天然橡胶　▨ 棕榈油　▨ 原油　▨ 其他
　 木材　　▥ 锡　　　　 工业制品

来源：爱知教育大学入学考试地理（2010年）

从单一经济到工业化

1975 年，马来西亚出口商品中天然橡胶所占比例开始下降，而棕榈油和木材的比例开始上升。这是马来西亚为了摆脱单一经济所做的努力。单一经济依赖于一两种农产品或矿产资源，容易受到世界市场的影响，收入不稳定，因此马来西亚开始寻求多元化经营。

到了橡胶树需要重新栽种的时机，马来西亚人开始将橡胶种植园转化为油棕种植园，这些油棕产出的就是棕榈油。棕榈油是世界上产量最大的植物油，印度尼西亚和马来西亚这两个国家占据了全球约 80% 的产量。在这个阶段，马来西亚的贸易采取的是垂直贸易制度，主要是向发达国家出口初级产品，进口工业制品。

但是到了 20 世纪 80 年代，从进口替代型转变为出口导向型的贸易转型（参见第 125 页，No.42）开始取得成果，工业产品的出口开始增加。在此期间，马来西亚在 1968 年制定了《投资鼓励法》，在 1971 年制定了相关的自由贸易区法案，在 1986 年制定了《1986 年促进投资法》等法律，积极引进外资。马来西亚 2022 年的人口是 3393.8 万人，当时人口更少，国内市场小，因此需要通过吸收海外需求来实现经济增长。

通过这些努力，马来西亚形成了以工业产品出口为主的贸易形态，特别是与作为转口贸易中心的新加坡的贸易非常繁荣。此外，马来西亚也是日本重要的燃料进口国。

1960年与2010年的比较！澳大利亚与世界经济

NO.
38
UNDERSTANDING ECONOMICS:
A STATISTICAL APPROACH

> 澳大利亚1960年与2010年的贸易对比

请问各位读者，你知道澳大利亚的人口有多少吗？

答案是大约2533.5万人（2019年）。要理解澳大利亚的贸易数据，首先需要知道其国内市场较小。

此外，澳大利亚人的平均年收入为58118美元（2019年），人均收入相当高（日本为43840美元）。因此，由于澳大利亚的国内市场较小且工资水平较高，它并不具备作为海外工厂的吸引力。

澳大利亚的国土面积为69万平方千米（世界第六，约为日本的20倍），非常广阔。矿山和煤田离城市区较远，国内运输成本高昂，从而难以利用本国产出的矿产资源。

尽管澳大利亚的矿产资源产量丰富，如铁矿石产量世界最高（2018年），煤炭产量世界第五（2019年），铝土矿产量世界最高（2017年），但由于人口密集区域主要集中在西南部和东南部，很难利用这些资源，因此大部分产出的矿产资源都用于出口。所以尽管按照人均国民收入水平，澳大利亚被归类为发达国家，其出口商品却主要是矿产资源。

50年间贸易有何变化？

让我们先来看一下澳大利亚 1960 年的主要出口商品和出口目的地。1960 年，澳大利亚实行"白澳政策"（白人优先及排除非白人的政策）。因此，它与亚洲和太平洋各国的经济联系并不紧密。其最大的贸易伙伴是前宗主国英国，还有美国、法国、新西兰、意大利、西德等西方阵营的欧美国家，以及正在进入高速经济增长期的日本。

当时的日本以钢铁业、造船业、铝业为主导产业，因此需要向澳大利亚寻求这些产业的原料，这一点现在也是如此。

1960 年，澳大利亚的出口商品主要是羊毛、小麦、肉类等畜牧产品和农作物。澳大利亚原本是英国的流放殖民地，1788 年，英国军官阿瑟·菲利普和他率领的一些囚犯们带了几十只羊（细毛种）登陆了现在的悉尼。这成为了澳大利亚羊毛业发展的基础。

而到了 2010 年，澳大利亚对中国、日本、韩国、印度等亚洲国家的出口比例增加了。1973 年，随着英国加入当时的欧共体，澳大利亚改变了经济策略。它废除了与"白澳政策"有关的各种制度，采纳了"多元文化主义"。此外，1989 年，时任总理霍克提议成立了亚太经济合作组织（APEC），以加强与邻国的关系。

澳大利亚的出口商品和出口对象的变化

1960 年的主要出口商品

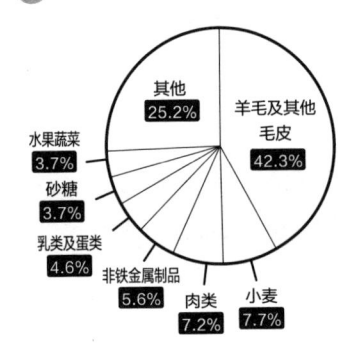

- 羊毛及其他毛皮 42.3%
- 其他 25.2%
- 小麦 7.7%
- 肉类 7.2%
- 非铁金属制品 5.6%
- 乳类及蛋类 4.6%
- 砂糖 3.7%
- 水果蔬菜 3.7%

1960 年的主要出口对象

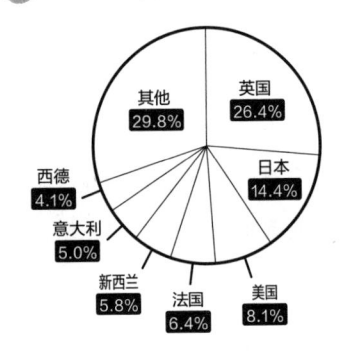

- 其他 29.8%
- 英国 26.4%
- 日本 14.4%
- 美国 8.1%
- 法国 6.4%
- 新西兰 5.8%
- 意大利 5.0%
- 西德 4.1%

2010 年的主要出口商品

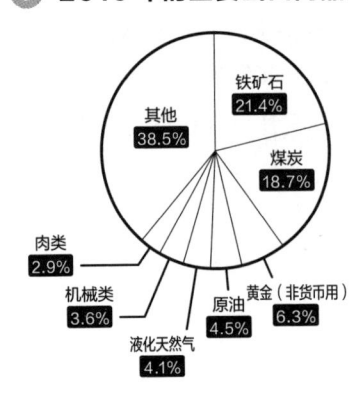

- 其他 38.5%
- 铁矿石 21.4%
- 煤炭 18.7%
- 黄金（非货币用）6.3%
- 原油 4.5%
- 液化天然气 4.1%
- 机械类 3.6%
- 肉类 2.9%

2010 年的主要出口对象

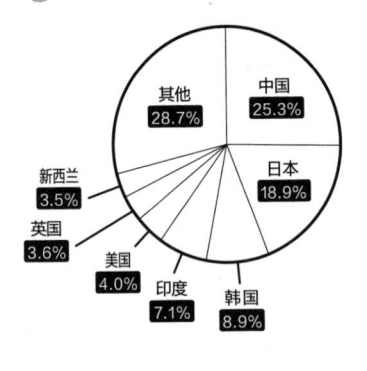

- 其他 28.7%
- 中国 25.3%
- 日本 18.9%
- 韩国 8.9%
- 印度 7.1%
- 美国 4.0%
- 英国 3.6%
- 新西兰 3.5%

关注点
澳大利亚成为资源输出国

关注点
澳大利亚和亚洲各国的关系变得紧密

数据来源：联合国贸易统计年鉴 1960，联合国贸易统计年鉴 2010

作为资源出口国的统治地位

如前所述,澳大利亚很难在国内利用矿产资源,本国生产的大部分矿产都被出口。资源匮乏的日本和韩国,以及经济增长迅速的中国和印度,对这些资源的需求很大,都依赖于澳大利亚。从地理位置和运输成本来看,日本很难从澳大利亚以外的国家大量进口铁矿石和煤炭。而且,澳大利亚的人口在未来不太可能会急剧增加,因此它将会继续保持其作为资源出口国的存在感。

此外,今后电动汽车的开发和普及将会继续发展,用于电池的锂的需求肯定会增加。

"不要开采煤炭,开采锂!"

澳大利亚国内的环保主义者的呼声日益高涨。澳大利亚是世界上最大的锂生产国。毫不夸张地说,实际上只有澳大利亚在开采锂。

今后,许多参与电动汽车产业的国家都要重视作为材料供应地的澳大利亚。随着电动汽车的普及,"锂的稳定供应"将成为关键问题。

瑞士布下的"外汇战争"是什么？

NO.
39

外汇储备额

外汇储备，是指可以直接使用的对外资产。当出现急剧的汇率波动时，外汇储备可以作为汇率干预的资金，抵抗汇率的波动。此外，当本国货币不稳定或是外币债务难以偿还时，也可以动用外汇储备。在日本，财务省和日本银行持有外汇储备。

根据国际货币基金组织（IMF）的统计，2019年外汇储备额最高的10个国家和地区依次是中国、日本、瑞士、沙特阿拉伯、中国台湾、俄罗斯、中国香港、印度、韩国和巴西。2005年以前，日本曾是世界最大的外汇储备国。

由于2011年东日本大地震导致的燃料进口增加，日本在2015年之前一直处于贸易逆差。虽说如此，从1981年到2010年的30年间，日本一直是贸易顺差，因此积累了很多外汇。

日本持有的外汇储备中大部分是美国国债。美国长期以来一直处于财政赤字状态，而日本大量持有美国国债。后来居上超过日本，成为世界最大的外汇储备国的是中国。中国的外汇储备自2000年以来增加了大约19倍。中国和日本一样，持有大量通过出口赚来的外汇和美国国债。近年来，中国已经成为"世界工厂"，除了在1993年曾短暂地出现贸易逆差，一直保持贸易顺差。

在外汇储备最多的国家中，值得注意的是瑞士。瑞士的外汇储备在 2008 年是 450 亿美元，到 2019 年却达到了 8040 亿美元，仅仅 10 年左右就增加了 17.8 倍。2009 年，希腊政权更迭，国家财政的假账被揭露。希腊的债务危机导致欧元下跌，瑞士法郎的价值则相对上涨。

当货币升值时，为何会导致出口疲软？

当本国货币的价值上升时，出口会变得疲软。让我们以日元和美元为例作简单介绍。

例如，当 1 美元兑换 200 日元时，美国人可以用 1 美元购买 200 日元的商品。然而，当 1 美元兑换 100 日元时，美国人只能用 1 美元购买 100 日元的商品。从日本的角度看，购买 1 美元的商品需要 200 日元，但现在只需要 100 日元，这是因为日元的价值上升了。这就是所谓的日元升值。

我们来举一个具体的例子。假设日本将一件 1000 日元的商品出口到美国。如果 1 美元兑换 100 日元，那么在美国这件商品就是 10 美元。另一方面，如果 1 美元兑换 200 日元，那么在美国这件商品就是 5 美元。显然，对美国人来说，5 美元的价格更便宜，更容易购买。因此，当日元的价值上升时，出口会变得疲软。

进攻的瑞士，愤怒的美国

2011 年，瑞士的 GDP 约 40% 是通过生产出口用的工业产品获得的，其中 60% 出口到欧洲各国。瑞士是山地国家，利用"清新的空气"和"清澈的水"的地理优势，在农闲期发展了精密机械的制造作为副业。这样的工业产品，如果瑞士法郎升值，出口会受到影响。因此，瑞士决定以"1 欧元=1.20 瑞士法郎"作为汇率上限进行无限制干预。瑞士会印发更多的瑞士法郎，然后卖掉以购买欧元。通过在市场上增发瑞士法郎，以降低其价值。瑞士购买欧元，所以外汇储备也会增加。这项政策持续了三年半。

结果，瑞士的外汇储备扩大到其GDP的约70%。瑞士认为，一旦欧洲中央银行实施量化宽松政策，将无法继续维持前述的汇率上限，因此于2015年1月撤销了这个上限（实际上欧洲中央银行确实已经实施了量化宽松政策）。这一汇率上限的撤销决定并没有提前报告给国际货币基金组织，被视为一场"突袭"，让许多投资者遭受了重大损失。随后的2017年，瑞士法郎的货币价值再次提升，不仅瑞士的工业出口受到了重创，旅游业也受到了重大打击。

在2020年，由于新冠疫情的影响，投资者寻求安全资产而追加购买瑞士法郎，瑞士法郎再次升值，瑞士启动了外汇干预。对此，美国认定瑞士为"货币市场操纵国"。这也可能是受到美国对瑞士的贸易逆差的影响。

第3章 贸易与数据
——透露出国家间的考量

在技术贸易中赚钱和亏钱的国家有什么区别？

NO.40

知识产权使用费的贸易额

国家间的专利、商标等知识产权使用费的收取或支付被称为技术贸易。售卖技术（即技术出口），也就是让别人使用自己的技术，然后收取相应的费用。技术贸易的费用一般并不包含在贸易收支中。

例如，日本的汽车公司T公司在美国设立了当地的子公司，让我们称之为T美国公司。虽然技术的开发是由T公司完成的，但实际生产汽车的是T美国公司。因为T美国公司是使用T公司的技术来生产汽车的，所以T美国公司需要向T公司支付技术使用费。就这样，技术从日本出口到美国，美国向日本支付了相应的费用。下一页的图中显示了各国对于知识产权收取的费用（技术出口额）减去支付的费用（技术进口额）的差额的变化。

日本的技术贸易收支从1993年开始转为盈余，这与日元升值和日本经济泡沫破裂导致海外工厂显著增加的时期相吻合。

美国利用其高技术力量，早早开始了技术出口，直到20世纪90年代中期一直处于领先地位。考虑到美国的工资水平，美国国内生产的成本会很高，所以为了利润最大化，企业多选择在海外设立工厂，然后进口在那里生产的产品。时任美国总统特朗普曾试图重新抓住这些流失的就业机会。顺便说一句，这个话题曾出现在日本2021年大学入学共通测试的地理B科目中。

到了 20 世纪 90 年代中期，日本和英国的技术出口开始变得活跃，与美国的差距开始缩小。在世界技术贸易收支排名前 10 的国家（2015 年）中，德国到 2002 年为止、西班牙到 2007 年为止的技术贸易收支都是赤字。特别是西班牙，由于成为德法汽车公司的生产基地，所以技术贸易存在逆差。然而，自 2004 年欧盟扩大会员国以来，生产基地已转移到了工资水平更低的东欧国家。西班牙开始作为汽车配件供应商发挥作用，技术贸易收支转为盈余。

另一方面，技术贸易收支赤字较大的国家还有爱尔兰、韩国、瑞士和澳大利亚。特别是爱尔兰，存在针对跨国公司的优惠企业税制度，这一避税手法也被称为"爱尔兰-荷兰三明治"。

主要国家的技术贸易收支变化

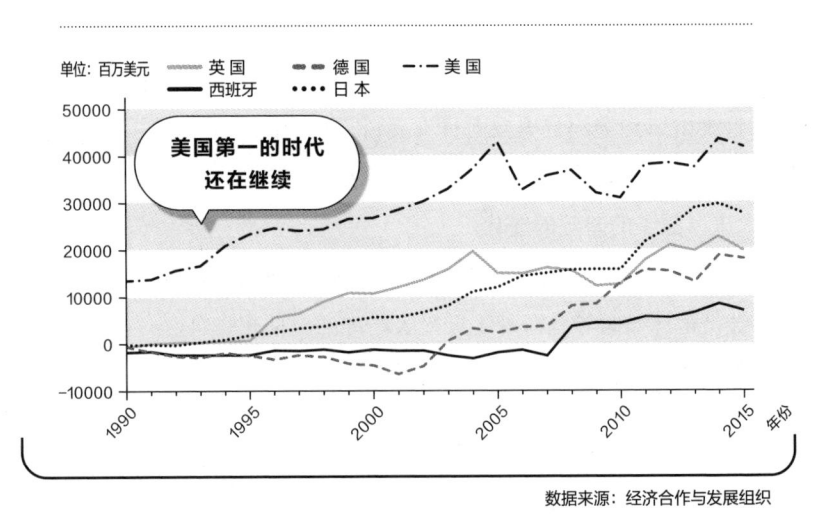

单位：百万美元　—— 英国　－－ 德国　－·－ 美国
西班牙　···· 日本

美国第一的时代还在继续

数据来源：经济合作与发展组织

爱尔兰出现大幅赤字的原因

美国的IT公司（比如A公司）正是利用爱尔兰的税率优惠制度来进行避税的。作为跨国公司的A公司，在爱尔兰设立了两个子公司：一个是负责海外业务的运营公司（海外业务公司），另一个是负责管理知识产权的子公司（知识产权公司）。在爱尔兰的税法下，由于外国企业A公司的大部分收入来自美国，A公司在爱尔兰国内不需要支付企业所得税。由于知识产权使用费从爱尔兰支付给美国，因此技术进口额很大。这是爱尔兰出现大幅的技术贸易赤字的一个原因。

美国IT公司的知识产权子公司在爱尔兰看来是外国公司，所以需要支付企业所得税。但通过设立在荷兰的子公司，可以进一步减少税收。因此，这被称为"爱尔兰-荷兰三明治"。由于这些原因，爱尔兰的技术贸易收支出现了大幅赤字。然而，由于国际上的批评日益增多，爱尔兰在2014年废除了这种税收优惠政策。

此外，韩国是仅次于爱尔兰的技术贸易赤字额最大的国家。近年来，韩国的信息通信技术产业发展迅速，通过在越南等地设立生产基地，已经成长为一个快速增长的产业。然而技术进口超过了技术出口，贸易收支持续出现慢性赤字。韩国的贸易结构以大企业和电子电气产业为中心，因此，即使中小企业的技术贸易收支为盈余，但在国家层面的技术贸易还是会处于不利地位。

从进口向出口的转型——韩国的产业变迁

NO.41

韩国信息通信技术产业的崛起与贸易

从全球贸易统计数据来看,服务出口额多来自发达国家,而货物出口额则主要来自发展中国家。一般而言,无形资产被称为"服务",有形资产被称为"货物"。发达国家主要进行技术出口,而发展中国家则主要出口农产品或矿产资源等。

发达国家经济发展的一个因素在于从"进口替代工业"向"出口导向工业"的产业转型。进口替代工业的意思是"为取代从他国进口商品,在国内生产本国所需的产品",这是为了培育本国的产业。

然而,进口替代工业的主要受众是国内市场,所以经济增长是有上限的。而且由于没有国际竞争的考验,技术水平的提高也会受到限制。毕竟,只有在与竞争对手的相互切磋中,才能提升技术实力。

扩大出口的基本战略是什么?

当进口替代工业遭遇瓶颈时,国家则会争取向出口导向工业转型。出口导向工业的意思是"为进入全球市场,发展以出口为指导方向的工业"。

通过引入外国资本和技术,利用国内廉价劳动力,就可以制造并出口低价高质量的产品来获得外汇。

当然，对于引进的外国公司，国家会在公司所得税和关税等方面给予优惠政策，并在贸易便利的沿海区域设立出口加工区。这样，就从纤维制品和杂货等面向国内市场的轻工业，转型为引入外国资本、利用低廉的劳动力，生产低价高质量且具有国际竞争力的重化工业了。

例如在韩国，从20世纪60年代到20世纪90年代实现了工业化，而且完成了从轻工业向重化工业的转型。

从1962年到1991年的30年间，韩国的经济增长率为每年平均8.6%。这与朝鲜战争停战后20世纪50年代后期的复兴期相比，大约是两倍的增长率。当时常用的统计数据国民生产总值（GNP），在1962年为23亿美元，而到1991年增至2920亿美元，增长了大约127倍。

出口与工业发展的联系

这样的经济腾飞，是工业发展带来的。这30年间，韩国整体的工业结构比例中，轻工业占比从73.7%大幅下降到32.4%，而重化工业的比例却从26.3%大幅上升到67.6%。当然，工业的发展与出口的增长有着密切的关系。韩国同日本一样是资源稀缺的国家，也同日本一样进行加工贸易，提高本国技术水平，进口原燃料，加工成工业产品后再出口。韩国的技术进口数量也在增加，其中大部分是电子电器、机械、炼油、化学等行业。

再来看看韩国的产品总需求（国内需求和国外需求的总和），其中国外需求所占的比例在1960年仅为3.7%，1975年增长到20.7%，1986年增长到28%。这意味着韩国国内生产的商品流向出口的比例增加了。这正是韩国向出口导向工业转型的表现。

近年来，韩国已经明确了国际分工体系，不再局限于本国国内进行生产，而是与其他各国紧密合作，实现了产品和零部件不分昼夜地往来运输。这些产品和零部件由于其"小型、轻量、高附加值"的特性，多倾向于选择航空运输。因为产品本身价格较高，即使加上高昂的运输费用后也能获得足够的利润。因此，韩国信息通信技术产业呈现出靠近机场分布的趋势。

贸易与数据 | 第3章
——透露出国家间的考量

从"直接投资"来解读日本和亚洲的联结

NO.
42
UNDERSTANDING
ECONOMICS：
A STATISTICAL APPROACH

> 日本对亚洲的直接投资额

直接投资是指企业为获取股权（参与管理）或建设工厂进行商业活动（控制）等进行的投资。在本书中，特指日本企业对海外企业的直接投资，也称为对外直接投资或海外直接投资。

根据国际货币基金组织的定义，通过获取股权等方式的投资行为中，出资比率达到10%以上的，被视为直接投资。而直接投资额是指迄今为止累计的投资总额。

直接投资不仅意味着国际上的资本流动，也将新的商业模式、管理方法、新技术等带出国门，在资金流入地区促进就业，增加消费者利益，往往也会扩大两国之间的经济关系。

下一页的图表是日本对亚洲直接投资额的推移。从中可以看到，日本对亚洲各国和地区的投资存在相当大的差异。日本对中国、亚洲四小龙（韩国、中国台湾、新加坡、中国香港）、东盟四国（泰国、印度尼西亚、马来西亚、菲律宾）的直接投资额虽然曾在1998年底至1999年底短暂下降，但之后一直呈增长趋势。

这些国家和地区通过向出口导向工业的转型（引入外国资本和技术，以发展出口工业为主要目标）实现了经济增长，提高了工资水平，扩大了市场规模。然而，在1997年的亚洲金融危机后，直接投资的吸引力减弱，日本的投资额也暂时减少了。

日本对亚洲的直接投资额

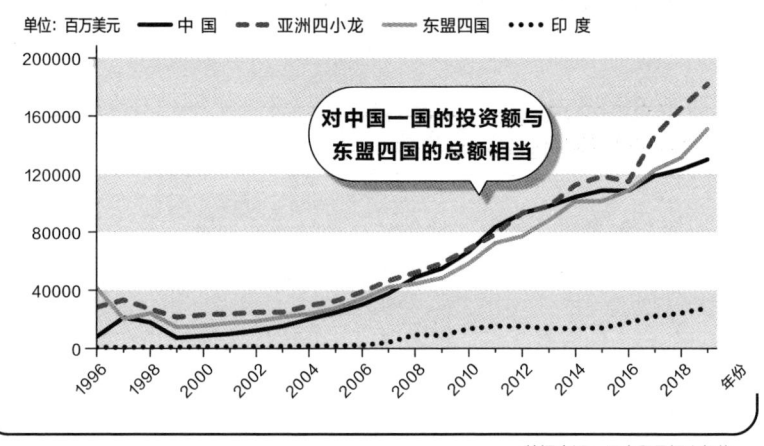

单位：百万美元　——中国　----亚洲四小龙　——东盟四国　····印度

对中国一国的投资额与东盟四国的总额相当

数据来源：日本贸易振兴机构

亚洲金融危机是指1997年发生的金融和经济危机，是由泰国货币泰铢暴跌引发的。

让我们来看一下亚洲金融危机是怎样发生的。1985年的《广场协议》导致了日元的升值，日元升值导致了日本的出口低迷，日本的汽车公司等企业开始扩大在海外的生产。这也推动了泰国汽车工业的发展。泰国经济高度依赖外国资本，当时泰国的外汇流入额据说已达到GDP的50%。当时的泰国采用了泰铢与美元挂钩的固定汇率制度，也就是所谓的美元挂钩制。这种制度虽然有货币价值稳定的优点，但也很容易受美国利率政策的影响。

美国的干预和对冲基金的暗中操作

1995 年，美国推出了"强势美元政策"，提高了美元作为货币的价值。对日本来说，这就产生了日元贬值、美元升值的现象。由于泰铢采用了美元挂钩制（将本国货币与美元的汇率保持在一定比例的制度），泰铢的价值也随之提升。本国货币价值的增加会导致出口萎缩，因此，在外汇流入占 GDP 比率极高的泰国，经济开始恶化。也就是说，货币强势的泰国对投资的吸引力降低了。"经济在恶化，而货币价值却在升高"，对冲基金公司没有忽视这种不匹配的状况。他们通过做空泰铢获取收益，然后在未来泰铢暴跌时买回，从而获得汇率差的利润。尽管泰国政府试图通过购买市场上泛滥的泰铢来应对，但达到极限只是时间问题。泰国从美元挂钩制转变为浮动汇率制，结果导致了泰铢贬值并最终崩溃。

此后随着经济的复苏，针对亚洲的投资再次增加。东南亚国家在 2015 年底建立了东盟经济共同体，试图进一步扩大区域贸易。

中国通过建立社会主义市场经济，推进对外开放政策，实现了国民工资水平的上升。为吸纳广大的中国市场，包括日本企业在内的外国公司对中国的投资呈增长趋势。中国这一个国家，与东盟四国的合计几乎相等。印度则拥有大量廉价劳动力，加上其大规模的市场，海外公司对印度的直接投资额呈现增长趋势，但总金额仍然较小。

经济全球化——为什么要对发达国家进行投资

NO.43

对发展中国家和发达国家的直接投资额

日本的直接投资不仅对发展中国家十分重要，对发达国家也很重要。为什么要对发展中国家进行投资？其主要优点在于，投资地有丰富的廉价劳动力（人力成本比日本人低）、可以在当地采购原材料（如巴基斯坦的棉花产量较大）、可以享受税收优惠等措施，从而实现低成本生产。此外，随着发展中国家的经济增长，国民人均购买力提高，从长远考虑，在这里投资也可以更好地进入潜在市场。

对发达国家的投资则是出于不同的考虑。如果因日元升值导致出口不振或贸易摩擦，那么企业为避免这种情况，可能会寻求在海外进行本地生产。如果本国货币的价值升高，出口可能会受到影响，对企业来说，销售能力可能会下降，销售额也可能会下降。因此，如果企业能够在海外完成从生产到销售的全过程，就可以避免因汇率波动带来的销售不振。不仅如此，企业为扩大自己的当地销售网络，也可能会通过并购或收购当地公司等方式进行直接投资。近年来，这种经济全球化的趋势正在加强。

从下图可以看出，日本对北美、欧洲和亚洲地区的直接投资余额都呈增长趋势。特别是2007年以后，增长非常迅速。2018年1月公布的统计数据显示，截至2017年9月底，日本的海外直接投资总额达到174兆1570亿日元，与5年前的12月底相比增加了91%，可以看出日本对海外的直接投资正在扩大。

截至2016年12月底,日本对海外的直接投资额为135兆9354亿日元。可以看到,从2016年下半年开始,日本的海外投资增长格外迅猛。日本企业不仅在通信业和金融业等领域推进对海外公司的收购,一直以来以内需型企业面目示人的零售业公司也开始向海外扩张。2018年5月,武田制药工业与爱尔兰的制药公司Shire达成了收购协议,对很多日本人来说记忆犹新(两家企业随后于2019年1月完成收购)。

日本对世界的直接投资额

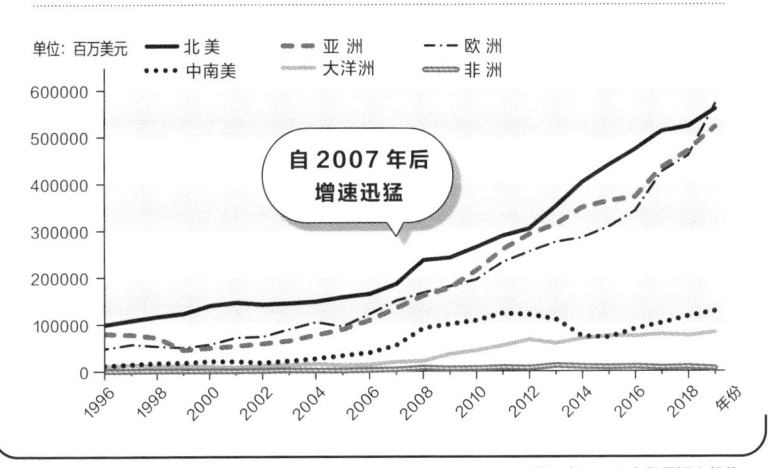

单位:百万美元 ——北美 ---亚洲 —·—欧洲
······中南美 ——大洋洲 ══非洲

自2007年后增速迅猛

数据来源:日本贸易振兴机构

"对发达国家投资"的巨大优势

此外,对发达国家的直接投资还可以节省运输成本,提高国际竞争力。这是因为在当地可以直接采购工业产品的零部件。在发展中国家，首先需要从发达国家进口零部件，再在当地工厂生产工业产品，最后将这些产品出口到发达国家，这就大大增加了运输的时间和经济成本。相反，在发达国家可以在当地采购零部件生产工业产品，这些产品又在当地工厂周边被消费，无论是零部件还是成品都可以大大减少用于运输的时间和经济成本。

第 4 章

工业与数据
——世界工厂的前路

本章包含的主要统计

金砖国家的基本信息，美国信息通信技术产业的发展，粗钢产量与汽车产量，汽车出口数量和比例，世界各国的汽车保有量，世界的造船完工量，世界各港口的集装箱吞吐量，世界的商船货舱容积，世界的铁路运输量，工业机器人的运转台数，常规武器的进出口。

支撑金砖国家经济发展的"两个共同点"

NO.44

UNDERSTANDING ECONOMICS：A STATISTICAL APPROACH

金砖国家的基本信息

金砖国家是由经济学家吉姆·奥尼尔在2001年提出的概念，代表巴西（Brazil）、俄罗斯（Russia）、印度（India）和中国（China）四个国家。2011年，南非共和国（The Republic of South Africa）也正式加入，统称为金砖国家（BRICS）。这些国家在20世纪80年代到90年代，通过推行经济自由化政策实现了大规模的工业发展。虽然人均国民收入还没有达到日本或美国等发达国家的水平，但在世界经济中已经占据了重要地位。让我们来看看金砖国家经济发展的共同点。关键有两点：广大的国土和人口众多。

1 拥有广袤的国土和丰富的矿产资源

世界国土面积最大的国家（2018年）中，金砖国家中的俄罗斯占据首位，中国、巴西、印度也紧随其后。国土面积越大，拥有丰富矿产资源的可能性也就越高。

事实上，这四个国家都是铁矿石产量排名靠前的国家，南非的铁矿石产量也很大。此外，俄罗斯、中国和巴西的原油产量较大，俄罗斯和中国的天然气产量较大，中国、印度、俄罗斯和南非的煤炭产量较大，这些国家也都拥有丰富的能源资源。

同时，国土面积越大，水力蕴藏量（从技术角度上看可利用于经济的水量）也越大。国土面积越大，国内可以利用的水资源就越多，水力发电也会更发达。这也是促进经济发展的重要武器。借由廉价电力得到发展的正是铝工业。在巴西，水力发电的比例甚至占到全国总发电量的 62.9%。

2 人口众多

同样不能忽视的是，金砖国家都是人口大国。在世界人口排名（截至 2019 年 3 月）中，中国位居第一，印度第二，巴西第五，俄罗斯第九。在这些国家，为了供养人口，大米、小麦、玉米等的产量也很高。

贫富差距加大

金砖国家凭借丰富的矿产资源、廉价的劳动力和巨大的市场规模，工业化发展迅速。不难想象，外国资本也大量涌入这些国家。然而，经济增长也导致了贫富差距的加大，这也是金砖国家共同面临的问题。贫富差距的存在很难单纯地评价为"好"或"坏"。

在快速发展的金砖国家，个人随时都有可能获得跃升，也随时有可能跌落。这样具有经济流动性的社会形态可能才是健康的。为防止社会阶层固化，提高经济流动性，也需要政治力量的介入。

硅谷发展的合理背景

NO.
45

UNDERSTANDING
ECONOMICS:
A STATISTICAL APPROACH

> **美国信息通信技术产业的发展**

20世纪60年代被誉为美国经济史上"繁荣的十年"。在那以前，美国的产业以重工业为主。梅萨比铁矿区开采的铁矿石和阿巴拉契亚山脉开采的煤炭通过五大湖的水路运输，发展了以匹兹堡为中心的钢铁产业。以此为基础，在底特律发展起了汽车工业，底特律周围则集聚了汽车相关的产业。

到了20世纪50年代中期，美国经济中第三产业的占比已经超过了50%。但美国真正的产业结构变化是从20世纪70年代开始的。从那时起，美国的经济重心从"实物经济"转变为"服务经济"，信息通信技术得到了发展。

美国产业结构转变的原因在于，北部地区的重工业衰退和南部地区的产业集聚。当时，美国经济的中心地带是五大湖周边的北部地区。由于这一地区相对寒冷，也被称为霜冻地带或雪带。一直以来，美国北部地区的工会势力较强，工人们要求的"高工资"削弱了美国的国际竞争力。

下表显示了1969年和1976年美国南部各州人均收入的变化。1969年的收入中，可以看到密西西比州、路易斯安那州等南部各州的人均收入水平大大低于全国平均水平。到了1976年，虽然南部各州的人均收入仍然低于全国平均水平，但差距已经缩小了。

1969年和1976年美国南部各州的人均收入

	1969年人均收入（美元）	与全国平均收入之比（%）	1976年人均收入（美元）	与全国平均收入之比（%）
地区	3667	100	6396	100
佛罗里达	3437	93.7	6021	94.1
佐治亚	3096	84.4	5549	86.8
肯塔基	2867	78.2	5384	84.2
路易斯安那	2836	77.4	5406	84.5
密西西比	2327	63.5	4529	70.8
俄克拉何马	3071	83.7	5708	89.2
田纳西	2877	78.5	5355	83.7
得克萨斯	3275	89.3	6201	97.0
弗吉尼亚	3400	92.7	6298	98.0

数据来源：FRASER

20世纪60年代也是日本和德国等战败国战后复兴的时期，日本和德国生产的便宜而优质的工业产品开始进入世界市场。此外，20世纪70年代的两次石油危机导致燃料费用上涨，美国北部地区的各种工业受到重创。由此导致失业率上升，工业城市的公司税和所得税减少导致财政困难，城市中心问题显现出来。

城市中心问题是指城市中心发生的衰退现象及因此导致的问题。高收入者和年轻人从城市中心区流失，导致了住宅环境的恶化和犯罪问题的出现。

与之相反，在这一时期发展起来的地区是位于北纬37度以南的阳光带。首先，在石油危机后推进了节能的理念，温暖的南部地区显得很有吸引力。越是温暖的地区，电费越便宜。这不难理解，因为在日本电费最高的行政区在北海道。此外，美国南部各州的工会参与率较低，与北部相比，工资水平和土地费用较低等也是影响因素。特别是在东南部分布较多的非洲裔和西南部分布较多的西班牙裔人群，与美国整体相比工资水平较低。因此，南部各州积极吸引企业入驻。

在阳光带，信息通信技术产业的聚集格外令人关注，有名的地区包括硅谷和硅草原（译者注：Silicon Prairie，包括得克萨斯州的达拉斯，伊利诺伊州的芝加哥和香槟城等地区）等。在这样的知识产业中，所需的资本正是高级人才，企业与大学的合作研究非常活跃。1965年，美国对移民国籍法进行了重大修订，取消了之前存在的出生国配额限制，转变为积极接纳高级人才的政策方向。

从旧金山向南约50千米，地形上看，硅谷确实是一个"谷"。1956年，晶体管的发明者威廉·肖克利在这里设立了肖克利半导体实验室，据说这是硅谷最早的由来。

曾在这个半导体研究所工作的人们在离职后，创建了仙童半导体公司。后来，从仙童离职的罗伯特·诺伊斯和戈登·摩尔等人成立了英特尔公司。此后，高科技产业开始在硅谷聚集。

硅谷的"地理优势"

硅谷一带属于地中海气候，夏季少雨，多是晴天。由于位于美国大陆西部的太平洋沿岸，沿海有加利福尼亚寒流经过，因此夏季的气温也并不会过高。也就是说，即使在夏季，也没有令人不适的炎热，一片蓝天，非常宜人。

另外，这一地区距离大都市旧金山只有大约50千米，可以轻松获取必要的生活物资和信息。高科技产业最重要的就是信息。因此，许多企业都被这样的地理优势吸引。这附近还有斯坦福大学，从斯坦福大学毕业的技术人员会纷纷在硅谷创业。企业和大学既共同合作又互相竞争，使得硅谷成为了全球高科技产业的集聚地。不仅吸引了美国境内的人们，来自亚洲的移民（非欧洲裔移民）也急剧增加，这些人都被吸收为阳光带的劳动力。

硅谷至今仍在吸纳来自世界各地的优秀技术人才。此外，也有许多人会带着在这里培养的技术回到祖国创业。这种人才回流成为打造"第二硅谷"的基础。

以色列的特拉维夫就是一个很好的例子。特拉维夫和硅谷一样，都处于地中海气候，气候环境相似。考虑到西亚的形势，以色列被阿拉伯国家包围，一直以来都迫切需要通过企业和大学的合作进行先进技术的研究和开发。而且，以色列实行全民征兵制，这种经历也可能会培养以色列技术人员更强烈的研究意识。

提起以色列，我们往往能想到这是发明滴灌（用配水管等向土壤或根部提供灌溉水，使水和肥料的消耗量最小化的灌溉方式）的国家，滴灌在干旱气候广泛的南部的确提高了食物自给率。可以说，以技术解决困难的精神已经在以色列人心中深深扎根。除此之外，作为新兴的高科技产业聚集区，卢旺达的基加利、俄罗斯的莫斯科、墨西哥的墨西哥城、爱沙尼亚的塔林、瑞典的西斯塔、德国的柏林、印度的班加罗尔等地也备受瞩目。

高科技产业最重要的就是"信息"。这些信息通过人的移动得以跨越空间。增加人与人的交流可能正是推动高科技产业发展的关键。

汽车之争——中国 vs 印度

NO.
46
UNDERSTANDING
ECONOMICS:
A STATISTICAL APPROACH

粗钢产量与汽车产量

粗钢的原材料包括铁矿石、煤和石灰石等。将铁矿石和石灰石混合，在1400℃的高温下煅烧，获得的致密固体称为烧结矿。再使用焦炭（煤炭在1200℃~1300℃的高温下干馏制得）和烧结矿，在高炉（熔炉）中可以制造出生铁（铁矿石是铁的氧化物，通过氧化还原可以提取出铁）。这种生铁再在转炉中进一步提取出杂质，得到的就是粗钢。

以粗钢为基础，通过轧制、锻造、铸造等加工方法，可制成各种形状的钢材。粗钢这个术语自1958年开始使用，之前被称为"钢"。另外，也可以在电炉中使用废铁生产粗钢。

世界粗钢产量前十的国家（2020年）是中国、印度、日本、俄罗斯、美国、韩国、土耳其、德国、巴西和伊朗。

中国的粗钢产量增长非常迅猛，1990年时的产量只有6635万吨，但到2000年增长到了1285万吨，几乎翻了一番。到2010年增长到6.2665万吨，2019年更是增长到99634万吨。

近年来粗钢产量激增的则是印度。在2018年的统计中，印度终于超过了日本，成为世界第二大粗钢生产国。在2000年，印度的粗钢产量为2692万吨，2010年增长到6898万吨，2019年增长到1.1135亿万吨。日本、美国、德国、俄罗斯等粗钢生产大国在2009年受到雷曼兄弟破产的影响，产量曾一度下降，但之后基本保持稳定。

主要国家的粗钢生产量（1990—2020年）

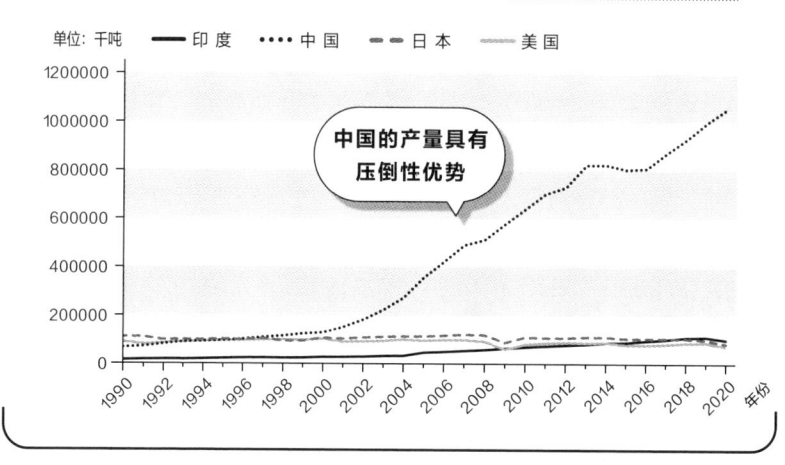

单位：千吨 ——印度 ……中国 ---日本 ---美国

中国的产量具有压倒性优势

数据来源：世界钢铁协会

生产一辆汽车大约需要3万~4万个零件。来看看钢的重量在汽车各个部位中的分布比例：车体相关（33%）、动力系统（25%）、悬挂系统（12%）这三部分共占了70%。据说如果汽车轻100千克，燃油效率就可以提高1千米/升。减轻汽车重量是汽车制造中非常重要的考量，但这并不意味着单纯地让汽车零件变得更薄。因为如果零件变薄，强度就会下降，所以如何制造"既轻又强"的钢材就尤为重要。特别是混合动力车，由于要搭载沉重的电池，汽车车身的轻量化就更为必要。可以说，汽车的历史同时也是追求汽车用钢板的轻薄和强度的历史。

如上所述，生产汽车需要"钢"，所以汽车生产数量和粗钢产量之间存在必然的联系。2020年的汽车产量排名前十的国家分布是中国、美国、日本、德国、韩国、印度、墨西哥、西班牙、巴西和俄罗斯。近年来，中国和印度的汽车产量呈增长趋势，与粗钢产量的变化相吻合。这两个国家随着近年的经济增长，购买汽车的人群也在增加，对全球汽车企业来说，正在成长为一个非常有吸引力的市场。

在印度，外国汽车企业的入驻格外引人关注。一般来说，当人均GDP达到2500~3000美元时，汽车就会开始普及。印度目前的人均GDP为2116美元（2019年）。虽然汽车的全面普及可能还需要一些时间，但一部分高收入人群已经成为汽车购群体。印度是一个拥有13.67亿人（2019年）的人口大国。即使购买汽车的人群比例较低，市场规模也很大，预计随着未来的经济增长，汽车市场还将进一步扩大。

主要国家的汽车产量（1999—2020年）

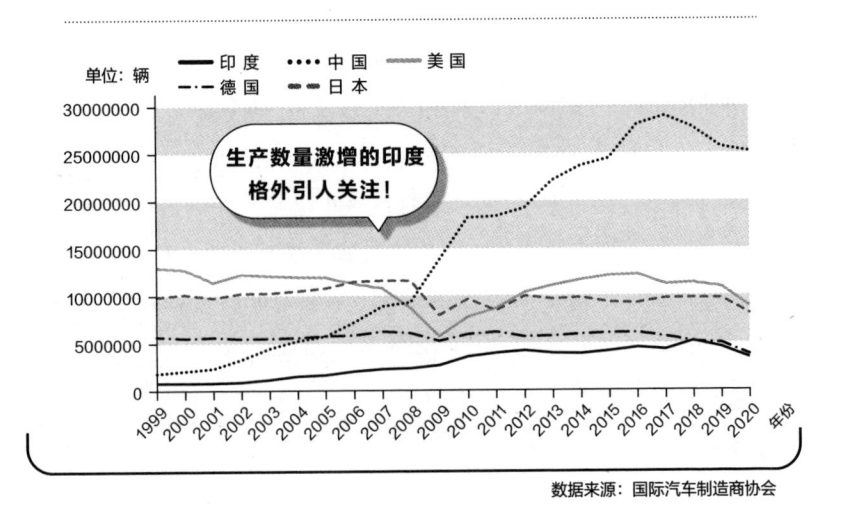

单位：辆

—— 印度　…… 中国　—— 美国
—·— 德国　— — 日本

生产数量激增的印度格外引人关注！

数据来源：国际汽车制造商协会

法国成为世界最大汽车出口国的理由

NO.47

汽车出口数量和比例

让我们来看汽车的出口数量。2018年，日本汽车工业协会的统计数据显示，出口较多的国家是法国、日本、德国、美国、西班牙、英国、中国、印度、意大利和巴西等。然而，如果比较各国的汽车出口量在该国汽车产量中的占比，法国竟然高达281.1%。欧洲国家中，德国、西班牙、英国的这一比例在80%多，意大利则在60%多，可以看出法国的比例非常突出。

法国虽然有雷诺等世界知名的汽车公司，但法国其实也在出口从其他国家进口的汽车。汽车的进口最大的来源是西班牙，其次是德国。近年来，从斯洛伐克的进口也在增加。

在欧盟内，人员、货物、资金和服务的流动都是自由的，因此欧盟各国制造的汽车可以汇集到法国向全球市场出口，这也是为什么法国汽车出口数量如此庞大。顺便说一下，法国的汽车出口中，约80%的出口对象是欧盟内部国家。

而出口数量排在前几名的德国、西班牙、英国和意大利，尽管国内市场也不小，但也是以欧盟内部的出口为主，出口数量占汽车产量的比例也很大。

汽车的出口数和产量（2018年）

国 名	出口数/产量	出口数（千辆）	产量（千辆）
法 国	281.1%	6376	2268
德 国	82.3%	4212	5120
西班牙	81.7%	2304	2820
英 国	80.3%	1288	1604
意大利	65.3%	693	1062
日 本	49.5%	4817	9730
美 国	25.5%	2880	11298
巴 西	22.3%	643	2881
印 度	15.1%	776	5143
中 国	3.7%	1041	27809

关注点
法国汽车靠输出海外，中国、印度靠国内销售。

数据来源：日本汽车工业协会

购买汽车的人群较多

出口数量占生产数量比例较低的国家是中国、印度、巴西和美国。虽然与发达国家相比，中国和印度购买汽车的人群比例较小，但由于人口众多，购买汽车的人数非常多，因此国内销售数量占总产量的比例较高。

然而，中印两国的汽车出口数都呈增长趋势。特别是在印度，日本企业的运输设备出口量正在扩大。例如，马鲁蒂铃木公司（译者注：印度最大的汽车制造商。前身为印度国营企业马鲁蒂·乌德西葛公司，后被日本汽车制造商铃木公司收购）对非洲的汽车出口就广为人知。

另外，美国由于购买汽车的消费层人数较多，国内市场广大，所以国内的汽车销售量很大，从加拿大、墨西哥和日本的进口数量也多。

南美洲的动向也非常活跃

近年来，巴西的汽车保有率正在提高，购买汽车的消费层正在扩大。可以说，巴西现在的生产体系主要针对国内市场。尽管如此，巴西也在出口一部分本国生产的汽车，其中出口总量的一半左右是向阿根廷出口。这也是南方共同市场内汽车贸易协定带来的影响。

今后汽车销量好的国家和销量差的国家

NO. 48

UNDERSTANDING ECONOMICS: A STATISTICAL APPROACH

世界各国的汽车保有量

2017年,全球汽车保有量最多的国家是美国、中国、日本、俄罗斯、德国、印度、意大利、巴西、墨西哥和英国。

近年来,汽车保有量呈增长趋势的是中国、印度和巴西。这些国家随着近年的经济增长,生活水平提高,汽车的消费群体正在扩大。2017年的数据与2005年时的数据相比,中国是6.8倍,印度是4.5倍,巴西是1.9倍。此外,汽车保有量排名世界11至20位国家中,印度尼西亚(2.6倍)、泰国(1.9倍)和马来西亚(2倍)的汽车保有量也在高水平增长。

看看汽车保有量前十名国家的百人汽车保有量:美国84.9辆、中国14.7辆、日本61.2辆、俄罗斯36.4辆、德国60.6辆、印度3.5辆、意大利71.9辆、巴西21辆、墨西哥33.1辆、英国59.5辆。发达国家中,百人汽车保有量大多已超过了50辆,但近年来增长已趋于平缓,可以说汽车市场已经饱和。

然而,在中国、印度、俄罗斯、巴西和墨西哥等人口大国,百人汽车保有量仍然较低,汽车市场还没有饱和。作为极具吸引力的市场,世界都在密切关注着这些国家未来的动向。印度尼西亚(8.9辆)、泰国(24.5辆)、马来西亚(46.2辆)的情况也是如此。然而,汽车的快速普及也可能会导致社会基础设施建设跟不上。

近年来，电动汽车也在发展和普及。2019年，全球电动汽车保有数量最多的国家是中国（381万辆），其后依次是美国（145万辆）、挪威（33万辆）、日本（29万辆）、英国（26万辆）和德国（26万辆）。特别是挪威，尽管全国人口只有537万人，却有33万辆电动汽车在行驶，可以说是全球电动汽车普及率最高的国家。

日本、中国、韩国——三足鼎立的造船业

NO.
49

世界的造船完工量

在经济高速增长时代，日本的主要产业是钢铁业、造船业、铝业等重工业。20世纪60年代后期，日本的造船业取得了飞跃性的发展。日本的造船完工量从1965年的553万总吨增长到1973年的1419万总吨，几乎增长到3倍，占据了当时全球份额的48.5%。

在此期间，船舶出口量从1965年的299万总吨增加到1973年的968万总吨，快速增长。造船业作为出口产业的明星，支撑着日本经济。

日本造船业的飞速发展，不仅有世界经济的增长导致海上运输规模扩大的原因，也有1967年第三次中东战争中苏伊士运河关闭的影响。

苏伊士运河的关闭导致海上运输路线的距离变长，催生了对矿油两用船的需求。大型油轮的需求增加，对于早已建立了大型船舶建造体系的日本来说非常有利。

日本的造船业主要集中在长崎县和濑户内海地区。长崎县的海岸线深入陆地，波浪平静，适合建造大型船舶。濑户内海地区南北被山地包围，是日本降水量较少的地区。船舶建造涉及焊接，并且大部分工作在户外进行，因此更倾向于选择晴天较多的地区。

2019年，世界造船完工量中，中国、韩国和日本三国占据了

92.2%。虽然长期以来日本一直是全球最大的造船国,但 2000 年起,中国和韩国都取得了快速的增长。韩国在第二次世界大战后成立,第一任总统李承晚重视海运业,通过 20 世纪 60 年代的"造船五年计划"开始了造船工业,并一直延续至今。

造船完工量的变化

国 名	1970年	1980年	1990年	2000年	2010年	2015年	2019年	2019年世界市场份额
中国	—	30	404	1484	36437	25160	23218	37.20%
韩国	2	522	3441	12218	31698	23272	21744	32.80%
日本	10100	6094	6663	12001	20218	13005	16215	24.40%
菲律宾	0	2	3	144	1161	1865	805	1.20%
越南	1317		3	1	583	591	558	0.80%
世界合计	20980	13101	15885	31696	96433	67566	66328	100.00%

※只包含 100 总吨以上的钢船　　　　　　　　　　　　　　单位:千总吨

关注点

2011 年造船完工量达到顶峰,之后呈减少趋势。

尽管海上货物运输量呈增长趋势,但自雷曼事件后,造船完工量在 2011 年达到峰值,之后新船订单量就在减少。近年来,受新冠疫情的影响,石油价格呈下降趋势,但能源相关企业正在大力投入二氧化碳排放量较少的液化天然气相关业务,因此预计对液化天然气专用船的需求将增加。

液化天然气是将天然气在零下 162℃下加压并压缩至液化得到的,液化过程中会去除氧化物,因此被认为是清洁能源。液化天然气专用船需要在零下 150℃以下的极低温仓内储存天然气,对船体强度要求很高，需要高水平的建造技术。这曾是日本企业的优势领域，但现在中国和韩国也可以建造这种船只。

2021年1月，日本最大的造船公司今治造船和排名第二的日本造船通过资本合作成立了新公司——日本造船(Nihon Shipyard)。这是为了对抗来自中国和韩国竞争的举措，但日本造船业的前途依然是曲折的。2020年，日本的新船订单量比前一年减少了73%（韩国减少了16%）。日本造船行业技术人员短缺可能是这背后的原因之一。

亚洲独占鳌头！集装箱吞吐量增加意味着怎样的未来？

世界各港口的集装箱吞吐量

2019年，世界集装箱吞吐量以中国为首，排名靠前的国家和地区是美国、新加坡、韩国、马来西亚、日本、德国、阿联酋、中国香港和西班牙。集装箱吞吐量是指从港口到海上的出口量和从海上到港口的进口量的总和。在中转港口的转口运输计为两次吞吐量。集装箱吞吐量也可以计算为内贸运输（内海运输）和外贸运输（外海运输）的总和。

新加坡和中国香港都以转口贸易闻名，让我们来比较一下这两个港口的集装箱吞吐量。在新加坡和中国香港，出口依赖度和进口依赖度都超过了100%。这样高的贸易依赖度只出现在新加坡、中国香港和吉布提。这些港口充分发挥其地理优势，发展了繁荣的转口贸易。吉布提是埃塞俄比亚的外港，1993年厄立特里亚从埃塞俄比亚独立后，埃塞俄比亚成为内陆国家，而吉布提则为埃塞俄比亚的海上运输发挥了作用。新加坡和中国香港则是由于本地人口少，内部市场较小，本地生产的产品就可以让本地市场很快达到饱和。因此，为了吸引外地需求（外需），两地向本地生产的商品中加入其他地区进口的产品，并将其出口到第三方实现转口贸易。

出口依赖度是指出口总额占GDP的比例。在进行转口贸易的国家和地区，这个比例会超过100%。中国香港从中国内地进口货物，然后出口到第三方。中国内地的第二大出口目的地是中国香港，中国香港的最大出口和进口伙伴都是中国内地。然而，比较新加坡和中国香港的集装箱吞吐量可以看到，新加坡的贸易正在稳步增长，中国香港却呈下降趋势。

与中国的经济发展同步，大幅增长

这与中国近年来的经济发展有关。近年来，中国的集装箱吞吐量一直在增加，与2000年相比，2019年增加了5.9倍。也就是说，因为中国内地的直接出口的发展，经由中国香港的出口机会正在减少。

在全球各港口的集装箱吞吐量变化中可以看到，中国香港在1980年世界排名第四，1990年世界排名第二，2000年成为世界最大港口，长期保持了其存在感。但是在2010年，中国香港的集装箱吞吐量跌至世界第三，2015年跌至世界第五，2018年则跌至世界第七，年年都在后退。

前十名的港口都是亚洲的

相反，中国上海则正在迅速崛起。在1980年和1990年，中国上海都未能进入世界港口吞吐量排名，但在2000年升至世界第六，自2011年以来则一直保持首位。此外，1980年进入世界前十的亚洲港口有4个，但到2018年，世界前十的港口已经全部都是亚洲的港口（分别是中国上海、新加坡、中国宁波、中国深圳、中国广州、韩国釜山、中国香港、中国青岛、中国天津、迪拜）。其中，除中国香港外的中国内地港口有6个，正体现了中国内地直接出口的大幅增加。这些统计数据向世人展现了中国近年来作为"世界工厂"实现的经济发展，以及工业产品出口的增长。

海洋国家的竞争——船籍业务的基本策略

NO. 51

世界的商船货舱容积

2020年底，根据船籍的世界商船货舱容积排名，前十名的国家和地区分别是巴拿马、利比里亚、马绍尔群岛、中国香港、新加坡、马耳他、中国、巴哈马、希腊和日本。商船货舱容积中，货舱指的是船舶装载货物的部分，因此这个词指的是船舶的货物装载量。

例如，"日本的商船货舱容积"是指现存的日本船籍的商船的装载量的总和。随着海上货物运输量的增加，商船货舱容积也在增加。最初，利比里亚曾长期排在世界第一名；自1995年以来，巴拿马则占据了首位。

在日本购买汽车时，需要在某个交通管理局进行注册，与之相似，船舶也需要在某个港口注册船籍。注册的港口被称为"船籍港"，该港口所在的国家被称为"船籍国"。例如，如果一艘船在横滨港注册，那么这艘船的船籍国就是日本。船籍港可以由船主自由选择，并且需要根据船籍国的法律进行适当处理。例如，支付船籍国规定的固定资产税和注册费，按照船籍国规定的登船要求安排船员，等等。选择在哪里注册船舶的条件较为宽松，船主往往选择政治状况相对稳定的国家进行注册。

利比里亚于1944年由总统威廉·塔布曼引入了方便船籍制度，并通过强硬的政治运作稳定了政局，从而增加了方便船籍船的注册。

所谓方便船籍船，就是"为了方便，仅注册船籍的船只"。船主会选择注册条件好的国家，在那里设立纸面公司，然后由该公司拥有船只。

巴拿马拥有世界最大的商船货舱容积，是因为在巴拿马注册能够控制成本。许多国家都要求一定比例的船员必须是本国籍，但巴拿马并没有这个配乘要求。

在日本，必须有超过50%的日本籍船员登船，因此人力成本非常高。巴拿马和利比里亚没有其他大的产业，这个船籍注册业务正在支撑着其国家的经济。

海洋国家巴拿马的战略

船舶有义务注册船籍。

……

在巴拿马注册船籍，可以节约成本。

关注点
不同船籍国的注册条件非常不一样。

近年来，商船货舱容积快速增加的是马绍尔群岛。马绍尔群岛由太平洋上的许多环礁组成，人口不足6万，是一个小国，主要产业原本只有渔业和旅游业。但近年来，它也盯上了方便船籍船，船籍注册业务已经成为支撑其国家经济的重要部分。

工业与数据
——世界工厂的前路

第4章

近年来,随着亚洲国家的工业发展以及2016年6月巴拿马运河扩建工程的完成,太平洋的海上货物运输量正在扩大。利用巴拿马运河运输的货物中,从太平洋到大西洋的货物(北向货物)多为工业产品,从大西洋到太平洋的货物(南向货物)多为农产品。马绍尔群岛由于地理位置优越,许多外国船只都选择这里作为停靠港口。

港口国监督(PSC)是指,当一个国家允许外国船舶入港时,由这个国家检查外国船舶是否遵守国际标准。对于不符合标准的船舶,在其整改完成前可以令其停止出港。马绍尔群岛的PSC口碑很好,以船只拘留率低与审查时间短而著名,因此外国船只纷纷选择这里作为停靠港口。这也是近年来马绍尔群岛的方便船籍船注册数量增加的原因之一。

那么,船主究竟在哪里呢?根据2020年船主国的商船货舱容积排名,前五名的国家和地区分别是希腊、日本、中国、新加坡和中国香港。希腊的二手船销售非常有名,所以船主多也很好理解。此外,在希腊,海运产业的收入是免税的。虽然也曾有政治家在竞选中提出对海运产业征税的政见,但在船主占人口约2%的希腊,想要推行这一政见还是相当困难的。

在船主排行榜中的其他国家和地区里,日本是个海洋国家,在各类运输工具中,船舶的货物运输量仅次于汽车;中国作为"世界工厂",工业产品的产量大、出口多,其中上海已成为全球集装箱吞吐量最大的港口,船舶运输自然也很兴盛;而新加坡和中国香港则是因为拥有繁荣的转口贸易,使用船舶运输的机会很多。

国营还是民营？向美国学习铁路商业化

NO.
52

世界的铁路运输量

铁路运输的优点有准点率高、适合长距离和大量运输、运输费用低廉及"受气候制约较小"等。

当然，铁路运输也有一些缺点，如运输的弹性较小，无法进行门到门运输，以及受到地形的约束较大等。"运输弹性小"意味着铁路运输无法像汽车一样需要随时发车，而必须按照时刻表运转。"门到门运输 (door to door)"指的是从发货地到目的地的运输全程。货物的出发地和目的地之间几乎不可能通过铁路直接连接，也就是说，铁路不可能实现门到门运输。这些缺点是汽车运输可以弥补的，所以陆地运输由汽车和铁路分担组成。

2018 年的铁路客运量中排名靠前的国家是：中国（1 兆 406 千亿人公里）、印度（1 兆 1498 亿人公里）、日本（1973 亿人公里）、俄罗斯（1294 亿人公里）等。客运量的单位是"人公里"，例如，如果将 10 个人运送到 5 公里外，就是 50 人公里的客运量。印度、中国、俄罗斯等国家的百人汽车保有量较低，不难理解这些国家选择铁路客运的乘客依然很多。特别是印度，印度的铁路网每年都在扩大，客运量也呈增长趋势。预计铁路乘客数从 2016 年到 2020 年的年均增长率将达到 16.8%。日本则是因为东京、大阪、名古屋三大都市圈内对铁路的依赖较高，再加上连接三大都市圈的新干线的存在，使得日本的铁路客运量也居于世界前列。

2018 年的铁路货运量突出的国家则是中国（28821 亿吨公里）、俄罗斯（25978 亿吨公里）和美国（25252 亿吨公里）。货运量的单位是"吨公里"，例如，如果将 15 吨的货物运送到 10 公里外，就是 150 吨公里。

美国铁路的动荡历史

在美国的各种运输方式中，货物运输量最大的是铁路运输。欧洲各国和日本都经历了国有铁路民营化的历史进程，美国的铁路则从创设时期就是由私人企业运营的。在美国，蒸汽机车在 19 世纪 20 年代就出现了，但是在法制未完善的大环境下，私人铁路公司杂乱设立，收费体系也各不相同，使用起来非常不便。此外，许多企业出于投机目的设立铁路业务，导致了供应过剩。而各州政府的权力仅限于州内，跨州的国内移动需要由联邦政府进行控制。基于以上种种原因，为管理控制铁路运输，美国联邦政府在 1887 年制定了州际运输法。

在美国，随着汽车的普及，从 1956 年开始的 10 年间建设了总长达 65000 米的高速路网。汽车运输成为铁路货运的最大竞争对手。然而，此后随着美国重工业的发展，长距离、可大量运输的铁路货运需求高涨，加上此前通过的法规导致铁路货运企业大量破产等问题的出现，联邦政府开始放宽对铁路运输的规定。

于是在 1980 年，美国制定了《斯塔格斯铁路法》，放宽对企业自行制定运输距离、运输方式、运行路线、收费设置等的限制，并允许停止或出售不盈利的路线，以及铁路货运企业间的合并和整合等。这一法律的制定改善了美国铁路货运企业的经营状况，这些企业最终合并为 7 家公司，至今依然支撑着美国的铁路货运。

产业机器人和汽车的密切联系

NO.
53
UNDERSTANDING
ECONOMICS：
A STATISTICAL APPROACH

工业机器人的运转台数

工业机器人在日本首次出现于 1969 年。最早出现的工业机器人是由川崎重工制造的"川崎 Unimate 2000 型"。

当时的日本正处于高度经济增长期，劳动力短缺成为一大问题。在那时，年轻人集体从东京以外的地区涌入都市寻找就业机会，这些从外地来到东京的年轻劳动者被视为"金鸡蛋"。同时，也有一些企业因为人手不足无法继续经营而破产。"Unimate"的意思是"具有通用能力的工作伙伴"。将机器人命名为"伙伴"的举措令人非常感动。

"川崎 Unimate 2000 型"的重量高达 1.6 吨，而它可以搬运的重量却仅有 12 千克，售价为 1200 万日元（当时大学毕业生的起薪均为 3 万日元）。可以说，作为"伙伴"，它的能力还有待提高。但是，以此作为原点，日本的工业机器人以汽车产业为中心开始了快速的发展。随着 1973 年的第一次石油危机导致的产业结构的转变，汽车工业等加工组装型产业快速成长的时代到来了。

可以说，工业机器人与汽车产业是共同发展的。汽车企业把点焊和涂装等简单但是重体力的工作交给工业机器人承担，而把工人劳动者推向需要更高级判断的工作。

现在，不仅是汽车制造业，工业机器人在电子电气设备的制造中也得到了利用，支撑着全世界制造业的运转。

根据日本机器人工业协会的统计，2018 年全球工业机器人的运转台数中数量突出的国家是中国、日本、韩国、美国和德国。这些国家的汽车产量都很大，不难想象工业机器人的运转台数一定也不少。其中工业机器人数量最多的是中国，作为世界工厂，中国正在积极地生产各类工业制品。与 2010 年相比，工业机器人运转数量迅速增加的则是印度、泰国、越南、马来西亚等东南亚和南亚国家。这些国家近年来的工业发展众所周知，这些产业发展自然也离不开作为"伙伴"的工业机器人的使用。

从常规武器的进出口来解读世界的紧张局势

NO. 54

常规武器的进出口

"常规武器"是指包括战斗机、军舰、坦克、地雷、导弹、枪支等从大型到小型的各种武器,通常不包括核武器等大规模杀伤性武器。常规武器的问题不仅直接关系到世界各国的安全保障,也影响先进技术研发等许多领域。如果一个国家过度囤积常规武器,可能会因周边地区的摩擦导致政治局势不稳定。为提高透明度并防止过度囤积,联合国制定了联合国武器登记制度和联合国军事支出报告制度。

作为常规武器的统计单位,斯德哥尔摩国际和平研究所使用了一个称为TIV(趋势指标值)的单位,它表示的是质量和数量的总和,而不是金额。2015—2019年,常规武器的出口国中排名前几位的是美国、俄罗斯、法国、德国、中国、英国和西班牙其中美国和俄罗斯占据了绝对的领先地位。

中东国家的武器进口令人关注

2015—2019年,美国的常规武器最大出口目的地是沙特阿拉伯,其次是澳大利亚、阿联酋、韩国、日本、卡塔尔、以色列和伊拉克。仅仅向中东国家的出口就占了出口总量的40%以上。长久以来,中东地区的局势始终不稳定。很难说是因为局势不稳定才需要进口常规武器来自卫，还是因为各国囤积了常规武器才导致局势不稳定。

从 2015 年开始，沙特阿拉伯与伊朗的对立加深，甚至介入了也门内战。可以说，是沙特阿拉伯的外交政策促进了美国向中东出口常规武器。而沙特阿拉伯则正是 2015—2019 年世界上常规武器进口量最大的国家。

同时，美国向日本和韩国的出口也在增加。这可能受到朝鲜的核武器研发和导弹研发，以及中国在南海的军事力量增强等因素的影响。

2016 年，美国全面解除了对越南的武器出口禁令。由此可以肯定的是，越南正在提高对周边国家的戒备。二战结束后，美国在缩小海外军事部署的同时，扩大了对盟国的常规武器出口。通过先进技术的研究和开发，美国已经装备了超现代武器。而这种强依赖性的同盟关系促成了由美国主导的"美式和平"（Pax Americana）世界体系。特别是在冷战期间，美国建立了对抗苏联的军事体制，通过向其他国家驻军并提供援助和庇护等，将盟国纳入了美制武器体系。

支撑俄罗斯的主要产业

俄罗斯的常规武器出口主要面向印度、中国、阿尔及利亚、埃及、越南等国。常规武器的出口对俄罗斯非常重要，常规武器出口额为全国军费的 13.3%（2010 年）；在其他国家，这一数字通常为 2%~3%。可以说，武器出口已经是俄罗斯的主要产业了。此外，在军需产业发达的企业型城镇，居民的生活也由军需产业支撑，这些地区的选票也受到军需产业政策的影响。基于此，也就不难理解为什么俄罗斯要大力推进常规武器的出口了。

受到历史原因的影响，俄罗斯往往与满足以下两个条件的国家的关系较为紧密：①由于经济增长，军费正在增加（有能力进口常规武器）；②希望从欧美西方国家以外获得军事援助。因此，俄罗斯向印度和中国的武器出口较多。

印度是俄罗斯最大的"老客户"，从苏联时代起就是如此。然而近年来，印度的常规武器进口来源中，俄罗斯所占的比例已从2001—2005年的78.5%，降低到2015—2019年的56.2%。可以说，印度的武器进口正在进行"去俄化"，不过考虑到两国之间的关系，未来印度增加从中国进口武器的可能性不大。印度是仅次于沙特阿拉伯的世界第二大常规武器进口国，长期紧张的印巴关系是印度进口武器的一个重要原因。

俄罗斯对中国的武器出口也很多。在20世纪60年代，当时的苏联与中国曾是对立关系，但经过两国长时间的努力，成功缓解了紧张局势。由于中苏冲突，中国曾从西方国家进口常规武器；但20世纪90年代起，中国从欧美国家的武器进口变得困难，而中苏则在1991年达成边界协议。此后，1996年，中俄等五国签订了《关于在边境地区加强军事领域信任的协定》，1997年签订了《关于在边境地区相互裁减军事力量的协定》等。通过维护两国关系，中俄双方都降低了安全风险。

第 5 章

农业与数据
——人类能生存下来吗？

| 本章包含的主要统计 |

主要国家的粮食自给率，世界三大谷物的生产和出口，世界的家畜数量，人均日均膳食营养供给量，谷物的期末库存量，各国的年间用水量，日本食品进口的变化，农业领域的IoT和大数据，欧洲农业与共同农业政策，俄罗斯的谷物生产和出口，世界水产品生产量

世界粮食状况——有余力才可以出口

NO.
55

主要国家的粮食自给率

粮食自给率是评估一个国家消费的农产品在多大程度上由本国国内供应的指标，主要可以分为"分类别自给率"和"整体粮食自给率"两种。"分类别自给率"是每个品种的自给率，多按重量进行计算。而"整体粮食自给率"是食物总体的自给率，有按卡路里和按生产额两种计算方式。

"分类别自给率"是国内粮食产量与国内消费量的比例。国内消费量指的是一年中进入国内市场的食物总量，可以通过"国内产量＋进口量－出口量±库存增减"计算得到。

168页（本节末）的表格展示了世界主要国家的农产品自给率（以生产量÷国内供应量计算）。日本的大米自给率高达87%，但小麦只有13%、大豆7%、玉米0%（由于国内产量极少，没有进行国内调查，按0%统计），谷物的整体自给率仅为31%。粮食自给率低就意味着粮食安全保障要依赖其他国家。

此外，日本的粮食进口对于出口国来说是"对日出口"，也就是说，如果出口国本地的需求增加，出口能力就可能会减少，也就可能不再向日本出口。只有其他国家愿意卖，我们才能买到东西。

日本的薯类和肉类自给率也不高，许多食品都是依赖进口来满足需求。在日本，能达到接近100%的自给率的只有大米和鸡蛋等少数食物。在食物之外，石灰和硫黄也是日本少数可以自给的产品。

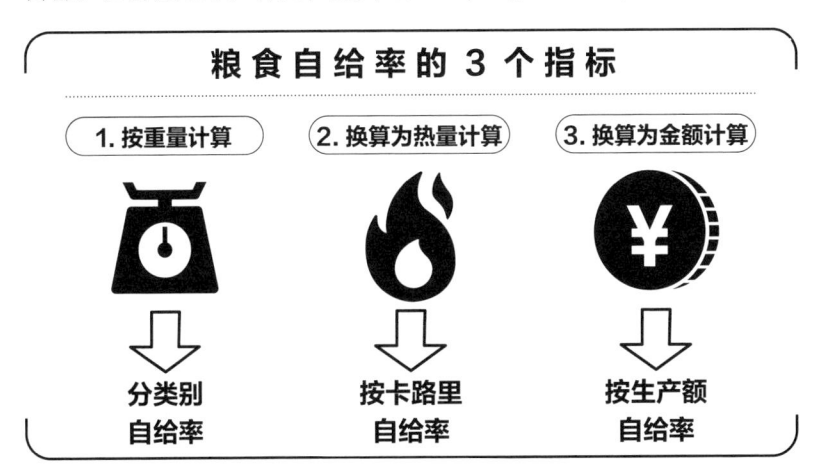

粮食自给率的 3 个指标

1. 按重量计算 → 分类别自给率

2. 换算为热量计算 → 按卡路里自给率

3. 换算为金额计算 → 按生产额自给率

亚洲、欧洲、新大陆的趋势

从地区来看，亚洲整体的大米自给率较高，而小麦的自给率则较低。这是因为水稻适合在高温多雨的气候中种植。在亚洲，尤其是季风区，夏季气候高温多雨，适合水稻生长。亚洲的大米产量占全球的约 90%。

东南亚、南亚多属于热带气候，热带土壤中的营养成分较少，因此适合种植在土壤肥力（养育作物的能力）较低的土地上也能生产的薯类作物。大豆的自给率则一直较低。

欧洲的大米自给率较低，而小麦的自给率较高。欧洲基本上没有稻米的饮食文化，只有在西班牙和意大利等地有西班牙海鲜饭和意大利烩饭等传统菜品，大米的自给率也较高。

在新大陆（南北美洲大陆、澳大利亚大陆），谷物的自给率较高。这是因为新大陆土地广袤，可以进行大规模的谷物种植。

各国的农产品自给率（2017年）

单位：%

国名	谷物 合计	谷物 小麦	谷物 大米	谷物 玉米	薯类	大豆	肉类
中国	97	98	100	98	83	13	97
美国	118	148	158	115	103	195	113
日本	31	13	87	0	85	7	62
韩国	25	1	80	1	64	6	67
泰国	148	1	192	123	343	2	144
印度尼西亚	92	0	99	104	92	18	94
菲律宾	80	0	95	93	78	1	86
越南	117	0	141	66	259	6	82
马来西亚	29	2	68	2	9	0	96
印度	107	101	112	108	102	118	114
孟加拉国	89	22	98	78	99	46	100
巴基斯坦	118	104	217	100	115	0	101
沙特阿拉伯	8	18	0	0	74	0	49
英国	94	97	0	0	90	0	72
德国	113	131	0	71	121	2	112
法国	171	187	14	131	136	45	100
意大利	62	62	202	51	57	43	74
西班牙	53	47	124	37	66	0	140
俄罗斯	149	166	78	152	97	66	93
加拿大	179	297	0	103	159	238	139
墨西哥	70	52	18	73	87	9	81
巴西	112	39	97	128	99	243	135
阿根廷	253	341	193	239	114	113	112
澳大利亚	347	402	143	118	85	80	148

数据来源：世界国势图集（2020/21年版）

世界三大谷物：大米、小麦、玉米的特征

NO.56

世界三大谷物的生产和出口

大米、小麦和玉米被称为世界三大谷物，是生产量最多的谷物。

大米的生产量为75547万吨（2019年）。水稻适宜在高温多雨的气候种植，生产地主要集中在亚洲季风区。亚洲季风区是指受到季风影响，夏季特别多雨的亚洲地区，包括除蒙古国及中国西部以外的东亚，整个东南亚和除巴基斯坦以外的南亚。这个地区的大米产量约占全球的90%。在大米产量排名前十的国家中，除巴基斯坦以外的所有国家都位于亚洲季风区。大米的出口量为4452万吨（2017年），仅占总生产量的约5%，可以看出大米基本上是在生产地区消费的。也就是说，大米具有自给的特性。世界最大的稻米出口国是印度。这是因为印度通过"绿色革命"（参见第176页，第5章No.59）实现了自给，并随之增强了出口能力。

小麦的生产量为76576万吨（2019年）。小麦适合凉爽和半干旱的种植环境，比水稻的种植范围更广。小麦的出口量为19678万吨（2017年），占生产量的约22%。小麦的出口量在生产量中占比较多，具有商业性质。小麦的主要出口国是美国、加拿大、法国、澳大利亚和俄罗斯，这五个国家的出口量约占出口总量的64%。俄罗斯在南部肥沃的黑土地区开展因地制宜的农业生产，近年来生产量和出口量都在增长。

三大谷物中，生产量最大的是玉米。2019年的生产量达到了114849万吨，中国和美国的生产量占到了全球生产总量的52.9%。在发达国家，玉米常常被用作饲料，近年来也被用作生产生物乙醇的原料。巴西利用其高温多雨的气候，每年可以收获三次玉米，特别是6月至9月收获的玉米，由于错开了美国的收获期，可以作为反季节食品出口。在这个背景下，巴西2018年的玉米产量比2000年增加了约2.5倍，出口量位居全球第二，仅次于美国。此外，近年来乌克兰的玉米产量也呈增长趋势，面向日本和中国的稳定出口是促进乌克兰玉米产量增长的一大原因。

经济与家畜——牛、猪、羊和人的关系

NO.57

世界的家畜数量

作为家畜饲养的动物通常是草食性动物,如牛、猪、羊等。家畜饲养的形式在各个国家并不相同。在美国、澳大利亚等国,人们在大规模农场大量饲养家畜,将肉、奶、皮等产物进行商业化利用。而在蒙古国、中国和西亚国家,游牧业依然较为兴盛,牧民的经济完全维系在家畜上。

牛是全球范围内饲养数量最多的家畜。饲养数量达到151102万头,其中巴西、印度、中国和美国占据了约30%(2019年)。人类饲养的牛大多是肉牛。牛肉的生产量以美国、巴西和中国为多,这与牛的饲养数量排名基本一致。

在印度,印度教徒占据了国民的约80%,由于宗教原因,他们不食用牛肉,因此印度并不在牛肉生产统计的前几位。然而,印度是世界第14大的牛肉生产国,如果包括水牛,那么印度甚至是世界最大的牛肉出口国(详细情况请参阅《地理上的经济学》)。

在严酷的环境中也能生存的羊

羊的饲养数量为123872万头(2019年),主要的用途有肉用和毛用。由于羊对食物的要求不高,因此即使在干燥地区,即使牧草稀少也能饲养。因此，羊被认为是耐旱性强的家畜。

人类居住条件困难的地区被称为无人居住区，主要指降雨量极少的干燥地区和温度极低的寒带地区。在这些地区，很难进行农耕并获得稳定的食物供应。然而，羊这等耐旱性强的家畜可以提供肉和奶，使人们在食物生产困难的干燥地区也可以居住。

特别是西亚和北非的羊饲养数量较多，这也是因为这些地区较为干燥，不适宜进行农耕。此外，澳大利亚和新西兰的羊饲养数量也很多，不仅生产肉，还生产大量羊毛。若将羊的饲养数量与人口相比，澳大利亚的羊是其人口数量的2.6倍，新西兰的羊是其人口数量的5.5倍。羊毛生产的纺织物价格较高，保暖性强，主要在发达国家市场上流通。而在北美和南美，羊的饲养量较少。

中国占据压倒性份额

猪的饲养数量为8.5亿头（2019年）。猪的饲养数量和猪肉的生产量都是中国占据了压倒性的优势。全球猪的饲养数量中，中国占了36.5%；全球的猪肉产量中，中国占了41.7%。由于猪的用途和牛、羊不同，几乎全部用于肉食，因此猪的饲养数量和猪肉生产量的排名几乎相同。特别是欧洲国家和新大陆国家的饲养数量较多。

马铃薯是优质的猪饲料，因此马铃薯生产国往往猪的饲养数量也较多。

在欧洲，两万年前的冰河期中，北纬50度以上的地区（以德国中部至北部为准，包括丹麦和波兰）全都覆盖着大陆冰川。由于冰川侵蚀，腐殖层（含有大量有机物的地层）很薄，不适宜种植小麦。欧洲主要种植大麦、黑麦和马铃薯等作物。

农业与数据
——人类能生存下来吗？

第5章

据说，德国的第三代普鲁士国王腓特烈二世（1712—1786 年）曾鼓励种植马铃薯。因此，在今天的德国菜肴中，马铃薯已经成为不可或缺的食材。

饲养数量较多的家畜的特征

牛

15.1亿头

饲养数量最多的国家是
巴西、印度、
中国和美国

羊

12.4亿头

西亚、北非等
极端环境下
也可以饲养

猪

8.5亿头

饲养数量
和猪肉生产量
中国都是压倒性领先

数据来源：联合国粮食及农业组织

欧洲的肉食文化是农业发达的结果

NO.
58

UNDERSTANDING
ECONOMICS：
A STATISTICAL APPROACH

> 人均日均膳食营养素供给量

　　人每天所需的卡路里大约是2000~3000千卡。每克各种营养素中可以摄取的卡路里分别为：蛋白质4千卡、脂肪9千卡、碳水化合物4千卡。如果膳食中摄取的脂肪比例较高，那么卡路里就会相应增加，反之亦然。

　　如果比较地区间的人均日均卡路里供给量，欧美国家的数值较高，亚非国家的数值则较低。这不难想象，欧美国家的人们摄取的动物性蛋白质多，因此消耗的脂肪量也相对较高。

　　比较卡路里消耗的详细构成可以看出，在欧美国家，动物性来源占30%左右。但是在亚非国家，相对较高的国家也只有20%左右，而不足10%的国家也有很多。

　　起源于欧洲的农业主要有商业混合农业、畜牧业、园艺农业和地中海式农业四种。西北欧属于海洋性气候，全年有降水，年度温差（最热月份和最冷月份的平均温度差）小。因此，全年都能种植谷物，不仅可以满足谷物食用自给，也能种植饲料用谷物，从而增加家畜数量。即使人口增加导致对肉类需求上涨，也能生产足够的肉类来满足需求。

　　将家畜养殖和谷物种植结合在一起的农业称为混合农业。然而，工业革命兴起后，国际贸易正式开始，欧洲开始从新大陆进口廉价谷物，欧洲的农户受到了重挫。为了应对这种情况，欧洲的农户努力改进和发展农业，提高专业性。于是，商业混合农业、畜牧业、园艺农业应运而生。

欧洲人的蛋白质来源主要是肉类，人均日均的肉类消耗量在许多国家都超过 200 克。欧洲对牛奶和乳制品的消费量也非常大。起源于欧洲的农业也传播到了新大陆，新大陆国家的农业规模更大，消耗的肉类和牛奶、乳制品也更多。

亚洲、非洲的饮食文化是什么？

在亚洲，海鲜消费量较高，肉类消费量并不像欧美国家那么多。亚洲人也消费了大量的谷物和蔬菜，有着低蛋白、低脂肪的饮食习惯。

在非洲的热带地区，薯类的消费量较高。薯类即使在土壤贫瘠的地区也可以生长，因此在热带地区非常重要。

NO.59 印度成为世界最大的大米出口国的理由

> 绿色革命（印度大米产量）

许多人心里大概还记着，泰国是世界上大米出口量最大的国家，但如第169页（第5章No56）所述，现在印度已经成为世界上最大的稻米出口国了。

这背后的原因是"绿色革命"。

"绿色革命"是指通过引入高产品种，实现土地生产力提升的农业技术革命。

高产品种，顾名思义，就是产量高的农作物品种。对于水稻来说，就是米粒数比常规品种多。

20世纪60年代，水稻、小麦、玉米的品种改良都取得了进展。1962年，国际水稻研究所（IRRI）在菲律宾马尼拉成立，于1966年开发了一种叫作IR8的水稻品种。人们大力推广这种水稻，并期待能由此解决发展中国家的粮食短缺问题。

菲律宾的大米产量在1965年约为400万吨，到1985年增加到约880万吨，增长了一倍多。然而，水稻种植需要用到农药和肥料，还需要配备配套的灌溉设施，需要大量的资本。因此，小农户并没有享受到产量增加的好处。也有人说，富农和贫农之间的差距反而扩大了。

农业与数据
——人类能生存下来吗？ | 第5章

印度的大米产量及贸易量变化

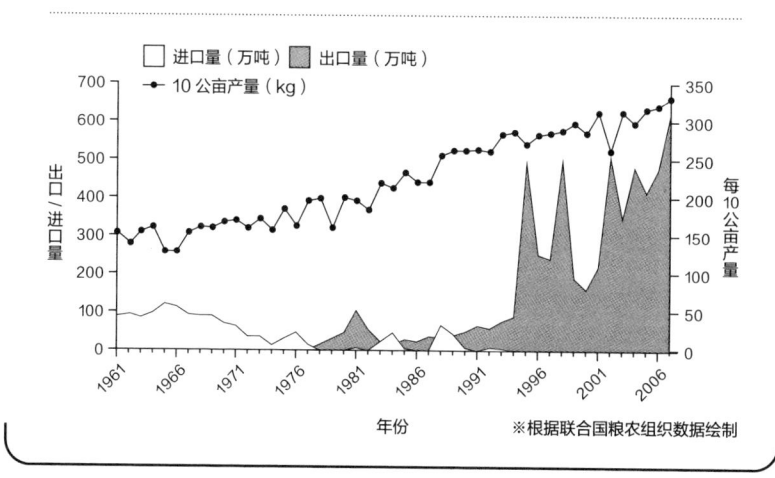

※根据联合国粮农组织数据绘制

来源：爱知教育大学前期考试 / 地理（2011年）

从大饥荒到食物革命

1961年，印度发生了大饥荒。此后，印度紧急引入IR8来解决食品短缺问题。最初选定的引入地区是旁遮普地区。这个地区有印度河流经，自古以来就有灌溉农业，是最理想的生产地。

1960年，印度的人口为4.46亿人。在那时也是一个人口大国，不难想象对食物的需求量是非常大的。从上图可以看出，1961年每10公亩的产量只有150千克左右。由于食物生产跟不上人口增长，所以需要进口大米。

然而，由于引入IR8，每10公亩产量逐年增加，到2006年已增加到约340千克。在此期间，印度在20世纪70年代后期转变为大米出口国，尤其是从20世纪90年代初开始，大米出口量大幅增加。印度的人口增长并没有放缓，1980年达到6.87亿人，2000年达到10.6亿人，在20年间增长了约1.5倍。大米的增产超过了人口，使得印度的出口能力大增，最终超过泰国，成为世界上最大的大米出口国。

農業与数据 | 第5章
——人类能生存下来吗？

世界人口与谷物产量成正比

NO.
60
UNDERSTANDING
ECONOMICS:
A STATISTICAL APPROACH

> 谷物的期末库存量

在日本，我们将4月到次年3月作为一个分割生活的年度。同样，对于农作物，人们也考虑到生产和消费的周期性，设定了生产期，这个生产期结束时的库存量被称为"期末库存量"。而期末库存量相对于年度消费量的比例则被称为期末库存率，17%~18%被视为最合适的比例。如果没有一定的期末库存量，一旦下一个年度由于某种原因出现食品短缺，就将无法应对。因此，为了食物的安全保障，必须有期末库存量。

下一页的图显示了从1970—1971年度到2015—2016年度的全球谷物期末库存率的变化。谷物的生产量和消费量都呈增长趋势。

2015—2016年度和1970—1971年度相比，生产量增加了2.34倍，消费量增加了2.27倍。根据世界银行的数据，1970年全球人口约为37亿人，2016年约为76亿人，人口在这段时间增加了2倍。

特别是在发展中国家，随着人口的显著增长和生活水平的提高，谷物消费量也随之增加了。生产量虽然也在增加，但生产量的增长是在谷物收获面积几乎保持稳定的情况下实现的。实现产量增长的主要原因，不是耕地面积的扩大，而是单位面积的收获量（单产）的增加。

谷物（大米、小麦、玉米）等的供需变化

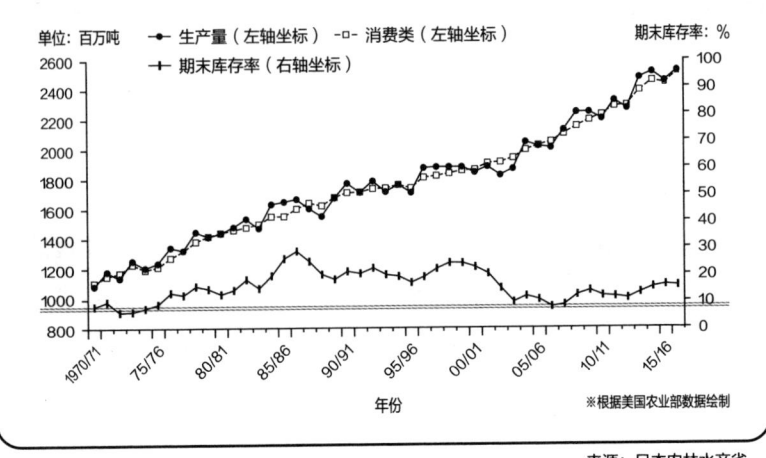

单位：百万吨　●— 生产量（左轴坐标）　-□- 消费类（左轴坐标）　期末库存率：%
　　　　　　　—+— 期末库存率（右轴坐标）

年份　　　　　　　　　　　　　　　　　　　※根据美国农业部数据绘制

来源：日本农林水产省

　　而在这期间谷物单产的增加，主要是由于亚洲的绿色革命和欧盟的共同农业政策。绿色革命正如前文所述，不仅解决了印度的粮食短缺问题，还增加了出口余力，使印度成为世界上最大的大米出口国。

　　欧洲共同体（当时名称）成立于1967年，随后，通过共同农业政策，增加了各个成员国的单产。在此背景下，20世纪70年代后期，欧洲各国期末库存率超过了能够稳定供应的安全水平，这一趋势一直持续到21世纪初。

　　然而，2006—2007年澳大利亚的干旱和2007年欧洲的恶劣天气都带来了生产停滞，而美国生物乙醇需求的增加和中国等国饲料谷物需求的增加又使得总消费量增加，全球的期末库存量急剧减少。

水资源今后会怎样——急增的工业用水

NO. 61

各国的年间用水量

据总部设在福冈县北九州市的TOTO公司称,虽然在不同国家和地区,个人生活方式之间存在差异,但"每人每天大约需要186升水",而日本人的用水量是这个数字的两倍。特别是"浴缸"和"厕所"占总用水量的61%。而所谓"用水量"不仅包括生活用水,还包括农业用水和工业用水。

2017年,全球用水量最多的国家是印度、中国、美国、巴基斯坦、伊朗、墨西哥、越南、菲律宾、日本和埃及。除了伊朗(8291万人)和越南(9646万人)之外,这些国家都有超过1亿的人口,人口越多,用水量当然也就越大。

印度尼西亚没有农业用水相关的统计数据,所以没有被列入前十名,但考虑到其人口规模达到27062万人,且农业以水稻种植为主,可以认为其用水量很大。

尽管澳大利亚是发达国家,但由于人口较少,且干旱气候区广袤,用水难度大,所以其用水量较少。而例如像非洲这样工业化进程较慢的地区,即使是降水量多的国家,用水量也较小。

用水量前十的国家（2017年）

单位：k㎡/年

1. 印度	761.00	6. 墨西哥	86.58
2. 中国	604.34	7. 越南	82.03
3. 美国	485.60	8. 菲律宾	81.56
4. 巴基斯坦	183.50	9. 日本	81.45
5. 伊朗	93.30	10. 埃及	77.50

※农业用水、工业用水、生活用水的合计量

关注点

上榜的都是人口多、农业繁荣的国家

数据来源：联合国粮食及农业组织

农业国的用水情况是怎样的？

农业用水用量最多的国家是印度、中国、美国、巴基斯坦、伊朗、越南、菲律宾、墨西哥、埃及和日本。水稻种植广泛的地区，水的使用量远远超过其他粮食作物种植地区，这在印度、中国、越南、菲律宾和日本等以水稻种植为主的地区尤为突出。其他水稻种植国如泰国和孟加拉国等地也是如此。

巴基斯坦、伊朗和埃及是气候干旱国家，本来用水量应该不多。然而，这几个国家利用外来河流（于湿润地区发源，穿越干旱地区流入海洋的河流）和地下水渠进行农业灌溉，所以用水量就增大了。

巴基斯坦有印度河，埃及有尼罗河，伊朗则利用被称为卡纳特

（Qanat）的地下水渠。利用外来河流进行的农业灌溉增加了粮食产量，推动了人口增长，同时外来河流也被用于贸易。而为了记录这些，文字也应运而生，正是这些原因促进了文明的发展。

工业的血液——工业用水的重要性

工业用水消耗量大的国家是美国、中国、加拿大、印度尼西亚、法国、印度、巴西、日本、荷兰、菲律宾。

工业用水也被称为"工业的血液"，对工业发展起着重要的作用。钢铁业的冷却水，还有化工行业等的用水量大，这些行业发达的国家也就排在了工业用水用量的前列。

让我们来看看各国总用水量中工业用水的比例（2017年）：美国51.2%、中国21.1%、加拿大80.2%、法国71.5%、印度2.2%、巴西17%、日本14.3%、荷兰88.1%、菲律宾10.1%，各国之间的差异很大（印度尼西亚无数据）。在中国、印度、日本和菲律宾等以水稻种植为主的国家，与工业用水相比，农业用水占比明显较高，所以工业用水的比例较低，毕竟灌溉稻田更需要大量用水。

正如古代四大文明沿大河发展，人类历史与水的历史是相伴而生的。人类每年的用水量达到1000立方千米用了数千年，然而，从那之后到达2000立方千米只用了短短的30年，再到达3000立方千米只用了20年。其中生活用水和工业用水的使用量发生了显著的增长。

南瓜告诉你：经济与气候

NO. 62

UNDERSTANDING ECONOMICS: A STATISTICAL APPROACH

> 流通在日本的外国产南瓜

2018 年全球南瓜产量最高的两个国家是中国和印度，其次是乌克兰、俄罗斯、墨西哥、西班牙、美国、土耳其、孟加拉国和意大利。在日本，每年 12 月 21 日（有时是 22 日）被称为冬至，由于太阳的回归影响，这是一年中白天时间最短的一天。从次日开始，日照时间逐渐增长，直至夏至。因此，冬至被视为"一年的结束"，人们有吃以"ん"结尾的食物以吸引好运的习惯。其中之一就是南瓜（なんきん）。因此，到了 12 月，日本的南瓜需求就会增加。

据说，南瓜是在 16 世纪由葡萄牙人引入日本的。而日语中南瓜的另一个说法カボチャ(kabocha)据说来自葡萄牙语中的柬埔寨"Camboja"。南瓜原本是夏季蔬菜，春天播种，夏季到秋季收获。也就是说，从冬天到春天，日本本应处于南瓜稀缺时期。然而，日本人一年四季都能吃到南瓜。这究竟是为什么呢？

为什么日本能全年吃到南瓜

下图显示了 2018 年 11 月之后，东京都中央批发市场外国产南瓜的进货量和批发价格的变化。南瓜是"夏季蔬菜"，所以从 6 月底到 11 月中旬，国内产南瓜的供应量较大，其他时间则主要依赖外国产南瓜，主要的进口来源是墨西哥和新西兰。

外国产南瓜的进货量及批发价格变化

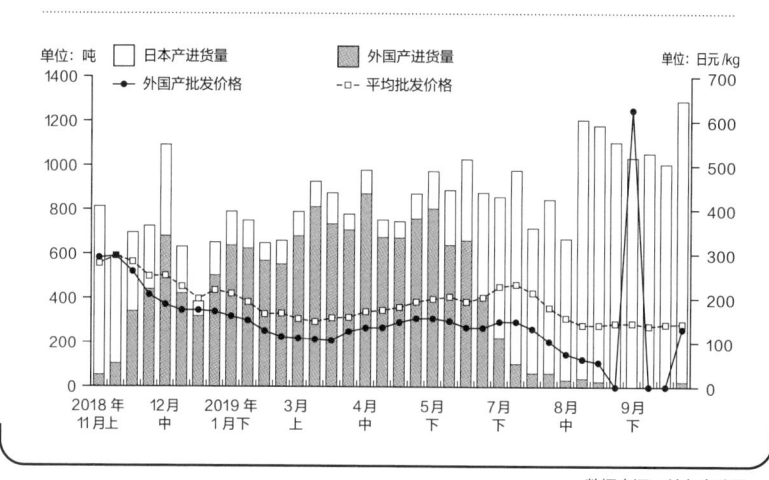

单位：吨　　　日本产进货量　　　外国产进货量　　　　　　　　　　单位：日元/kg
　　　　　　　―●―外国产批发价格　―□―平均批发价格

数据来源：关东农政局

2018年，日本的南瓜进口来源是墨西哥（51.4%）、新西兰（43.3%）、韩国（1.8%）、汤加（1.8%）和新喀里多尼亚（1.4%）。可以看到日本的南瓜进口对墨西哥和新西兰的依赖度很高。

由于日本位于北半球，而新西兰位于南半球，所以两国的夏天和冬天是相反的。因此，在日本的冬天和春天，日本南瓜短缺时，新西兰正是盛产南瓜的时期。墨西哥则位于热带气候区，全年温差较小。首都墨西哥城位于海拔2240米的高地，由于气温随海拔升高逐渐下降，形成了温带气候。换句话说，一年四季的气候条件相似，所以全年都可以生产南瓜。最初，墨西哥的南瓜种植是从日本引进种子后扩大的。20世纪80年代，日本的南瓜进口商开始委托墨西哥北部的锡那罗亚州的农户生产南瓜，之后，在与美国接壤的索诺拉州开始生产。现在大部分墨西哥产的南瓜都是在索诺拉州生产的。

自日本和墨西哥签署经济伙伴关系协定（EPA）以来，墨西哥对日本的南瓜出口量一直在增加。在日本市场上销售的南瓜，11月至2月是墨西哥产的，2月至4月是新西兰产的。因此，尽管南瓜在日本本应是夏季蔬菜，却可以全年供应。

除了这两个国家，还可以看到日本也从汤加进口南瓜。汤加对日本的出口产品排名第一的是金枪鱼，第二是南瓜，第三是海藻。由于汤加位于南半球，也被认为可以出产供日本生产淡季销售的南瓜，于是日本商社开始从汤加进口。

然而，由于肥料等必须从海外进口，生产南瓜需要大量的材料成本。这些费用由汤加的出口商借给农户，因此支付给生产者的费用很少，导致只有出口商能赚钱。对汤加来说，南瓜成为了重要的外汇收入来源，但生产者与出口商的贫富差距也在拉大。

日本应当全力推进的对策 "食物里程"与"地产地消"

NO. 63

日本食品进口的变化

日本的整体粮食自给率（2019年），若按卡路里计算为38%，若按生产额计算为66%。日本没能实现食物自给，食物需求的很大一部分需要通过海外产品来填补。

与1960年相比，日本2015年的农产品进口金额增长到了10.5倍。1960年，日本的人口是9430万人，同上一年相比，人口增长并不算多，所以农产品进口金额的增加不太可能仅仅是由人口增加引起的。

随着饮食多样化，许多人开始追求在日本国内无法出产的农产品，畜产品和油脂类生产所需的饲料用谷物和大豆等的进口也增加了。让我们一起来看一下1960年以来日本进口的农产品种类。

1960年，日本进口最多的农产品是小麦，而向日本出口小麦的是美国。由于生产过剩，大量的剩余小麦导致小麦的国际价格下跌。于是，日本增加了小麦的进口。那时的日本已经进入了经济高速增长期，生活水平的提高带动了饮食生活的多样化——大米的消费量减少，同时肉类和面包等的需求增加了。

关键的变化是"生活水平的提高"

1970年以后,日本对玉米和大豆的进口增加了。由于生活水平的提高,饮食多样化进一步发展,日本人对肉类和油脂类的需求也在增加。为了生产这些,日本人增大了对作为饲料的谷物和作为油脂类生产原料的大豆的进口,这种趋势一直持续到20世纪80年代。与此同时,牛肉和猪肉的进口量也在增加,这意味着日本国内的生产已经无法满足肉类的增长需求。

进入2000年以后,新鲜水果和干果、新鲜蔬菜和冷冻蔬菜的进口品种增加了。这是为了实现这些产品的全年供应。新鲜水果和干果中也包括南瓜,我们在前文中已经说明了从墨西哥和新西兰进口南瓜数量增长的原因。

粮食自给率低就意味着进口量大。进口受出口国的动向影响。出口国的气象变化可能会产生干旱或洪水,或者由于出口国的政权更迭导致政局不稳,都有可能导致生产量减少,从而使进口变得困难。这样一来,进口国的稳定食品供应就成了问题。

此外,进口量大也意味着"食物里程"的增大。食物里程是指食品进口重量和运输距离的乘积,以"吨公里"为单位。食物里程越大,运输过程中排放的二氧化碳就越多,对环境的负担也越重。

因此,为了减少食物里程,人们应该尽量在某地区消费本地区生产的农产品和水产品或增加"地产地消"(本地生产、本地消费)的机会。

而随着消费者对食品安全的意识提高,地产地消也有助于减少消费者对伪造产地的担忧。

农业与数据
——人类能生存下来吗？ | 第5章

日本农产品进口的变化

饲料用谷物的进口增加了 ↓

排名	1960年	1970年	1980年	1990年	2000年	2010年	2015年
1	小麦	玉米	玉米	玉米	猪肉	猪肉	猪肉
2	大豆	大豆	大豆	牛肉	烟草	烟草	烟草
3	粗糖	小麦	小麦	酒精饮料	牛肉	玉米	玉米
4	玉米	粗糖	粗糖	猪肉	新鲜水果和干果	新鲜水果和干果	牛肉
5	牛油	高粱	咖啡豆	烟草	玉米	牛肉	新鲜水果和干果

↑ 为了实现全年供应，蔬菜等的进口增加了

数据来源：财务省贸易统计

什么是"六次产业化"？

在推进地产地消的过程中，我们也能感受到"六次产业化"的发展。六次产业化是指，农户不仅仅将自己生产的农产品在当地的直销点贩卖，还将这些农产品作为原料，通过经营餐厅、开发加工产品等方法提高附加值，并在"道之站"（道路休息站）等当地游客聚集区销售，使得农产品的生产、加工和销售实现一体化。这种将第一产业、第二产业、第三产业融合的过程，通过 $1 \times 2 \times 3$ 的乘积，得名"六次产业化"。通过"六次产业化"的发展，有望利用本地资源建立新产业，并创造新的就业机会。

弥补劳动力不足——农业领域的第四次工业革命

NO. 64

农业领域的 IoT 和大数据

近年来,在农业领域中对 IoT(物联网)、大数据和人工智能的应用引起了广泛关注。这也被称为智慧农业(Smart Agri),可以说是"第四次工业革命"。

现在,家电和汽车等"物"可以直接连接到互联网,被称为大数据的海量数据被收集,然后由人工智能对这些数据进行分析。以前的产业只能提供统一的服务,但现在通过大数据分析,可以提供针对每个人的优化服务。

第四次工业革命为农业带来了很多可能性,例如:通过机器人实现高效省力农业,通过大数据分析提供最佳的种植管理方法和风险预测、知识共享、生产、流通和销售的效率化,等等。

近年来,日本经济一直面临劳动力短缺的问题。根据日本总务省统计局的数据,2020 年日本各年龄段人口比例为:儿童人口比例 11.9%,劳动年龄人口比例 59.2%,老年人口比例 28.8%。而在 1990 年,儿童人口比例为 18.2%,劳动年龄人口为 69.7%,老年人口为 12.1%。1990 年的人口是 12361 万人,2020 年的人口是 12567 万人。

也就是说,虽然人口总数几乎没有变化,但劳动年龄人口比例下降了 10.5%。劳动力短缺的问题已经十分迫切。此外,由于产业结构的升级,农业从业者从 1990 年的 849 万减少到了 2019 年的 277 万人。

1947—1949 年出生的婴儿潮一代退休后,农业从业者将进一步减少。

日本的农田荒芜面积在 1990 年为 24.4 万公顷,到 2015 年增加到 42.3 万公顷。42.3 万公顷这个数字与富山县的面积几乎相等。而新从事农业的人中,大约有一半年龄在 60 岁以上,全体农业从业者中 65 岁以上的人口比例约为 70%。农业劳动者的主力几乎都是老年人。在日本的农业领域,人手短缺、老龄化,甚至生产停滞的情况下,为了提高生产效率,智慧农业是必不可少的。否则,未来日本的农业生产很可能无法满足对大米的需求。

智能农业会导致什么变化?

为推进智能农业,日本农林水产省提出了"实现超省力、大规模生产""充分发挥农作物的能力""从繁重和危险的工作中解放人力""实现人人都能参与的农业"及"向消费者和实际需求者提供安心和信任"作为新农业的新方向。

利用无人机可以了解农作物的生长情况,并可能检测出害虫和疾病,也可以控制农药喷洒的范围或是进行耕地分析等。智能农业并不是像美国长期以来的大规模农业那样,采取使用飞机大范围大量喷洒肥料和农药等蛮力手段,而是能够为每一种、每一株农作物提供其最优化的生长环境。

通过科技手段,人们还可以使用卫星照片等空间数据和人工智能,发现适合耕种的未使用土地,进一步提高效率。未来,我们或许可以实现"从太空俯瞰地球"的农业发展,并通过由此生产的农作物丰富我们的饮食生活。

激怒美国的欧洲农业政策是什么

NO.
65

UNDERSTANDING
ECONOMICS:
A STATISTICAL APPROACH

欧洲农业与共同农业政策

欧洲联盟（EU）的前身欧洲共同体成立于1967年，初始的成员国有6个。欧洲共同体推动了诸如取消区内关税，人员、物品、资金和服务的自由流动，农业、交通、能源部门的共同政策，以及统一区外关税等政策。

欧洲共同体在成立前的1962年，就曾提出"共同农业政策"。该政策以"提高粮食自给率"和"保护区内农户"为目标，通过对进口农产品征收关税来限制农产品流入成员国。此后，欧洲国家在区内设定农产品的统一价格，并向农户收购农产品。这些政策虽然激发了欧洲农户的生产积极性，但也引发了生产过剩，被称为"葡萄酒湖、黄油山"。

如下图所示，自欧洲共同体成立以来，在德国、英国和法国，按卡路里（热量供应）计算的自给率都有所提高。而欧洲还对区内生产的农产品提供补贴，并以低廉的价格出口，也就是所谓的倾销。这些共同农业政策对欧洲共同体的财政造成了压力。此后欧洲共同体对部分农产品引入了生产配额制，以控制过度生产。

然而，这些政策让美国感到非常不满。美国对欧洲市场的出口被征收关税；而通过倾销出口，欧洲向第三国的出口增加，美国市场被夺走。这引发了美国和欧洲共同体之间的贸易摩擦。因此，从1986

农业与数据
——人类能生存下来吗？ | 第5章

各国食物自给率的变化

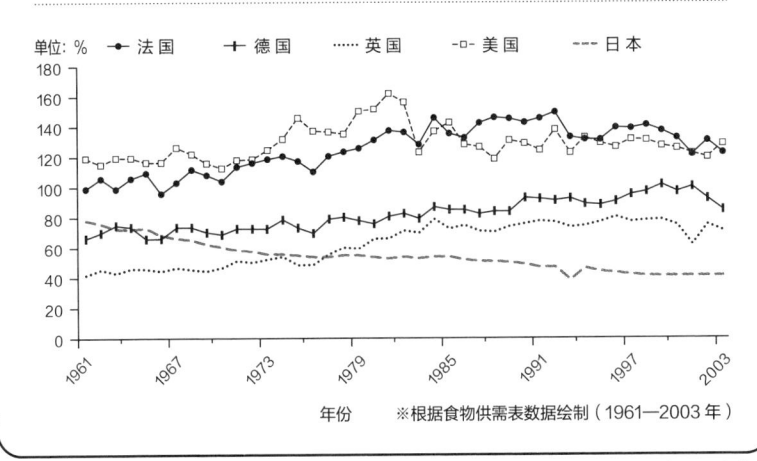

单位：% ─●─ 法国　─┼─ 德国　⋯⋯ 英国　─□─ 美国　─ ─ 日本

（纵轴：0—180；横轴：1961—2003 年）

※根据食物供需表数据绘制（1961—2003 年）

来源：爱知教育大学前期考试 · 地理（2008 年）

年开始的关税与贸易总协定（GATT）乌拉圭回合农业谈判中，美国强烈要求欧洲共同体停止征收进口关税和提供出口补贴。

现在，欧盟主要五国的粮食自给率各有不同。各国自身的饮食文化当然也是一个重要因素，但在欧盟区范围内，我们也可以换一种思考方式，考虑哪个国家成为什么食物的供应地。

法国无疑是小麦等谷物的供应地。面食文化发达的意大利从法国进口了大量的小麦。意大利处于地中海气候，这种气候非常适宜蔬菜和水果的种植。荷兰的豆类自给率为 0%，是全球第三大大豆进口国（第一是中国，第二是墨西哥）。实际上，荷兰也是日本有名的酱油企业 Kikkoman 公司在欧洲设立首个工厂的国家。日本企业在远离日本的荷兰，利用进口的大豆制造酱油，这真是非常有趣。

农业大国印度的地理优势

NO.66

印度五大农作物的生产

大米、小麦、茶叶、棉花、土豆，这五种农作物的产量都是中国和印度占据前两名。特别是大米和小麦，与玉米一起并称为世界三大谷物。中国、印度、美国、印度尼西亚等谷物产量大的国家具有强大的人口承载力（参见第 030 页，第 1 章 No.11），所以得以成为人口大国。

关注印度的气候！

大米、小麦、棉花，加上甘蔗和黄麻，是印度的五大农作物。以印度为中心的南亚地区，是受夏季西南季风影响较强的地区。印度半岛的西南部、喜马拉雅山脉的南侧是季风的迎风面，夏季降水量较大。位于喜马拉雅山脉南侧的城市气拉朋齐在 1860 年 8 月到 1861 年 7 月的一年间，曾创下了 26465 毫米的降雨量纪录，其中 1861 年 7 月的降雨量为 9294 毫米。

在高温湿润的气候下，非常适宜大米和黄麻的生产。黄麻在 2 月到 5 月播种，大约 4 个月后可以长到 2~3 米高，然后在雨季，也就是 6 月到 9 月收割。收割后的茎浸泡在水中发酵 1~2 周，然后晾干作为纤维使用。黄麻被用作火药引线、沙袋、草席等的材料。在年降水量超过 1000 毫米的地区，人们多会种植水稻、茶叶和黄麻等。

世界五大农作物的产量（2019年）

1. 大米

单位：万吨

第 1 名	中国	20961.4	27.75%
第 2 名	印度	17764.5	23.51%
	世界总计	75547.38	100%

2. 小麦

第 1 名	中国	13359.63	17.45%
第 2 名	印度	10359.623	13.53%
	世界总计	76576.9635	100%

3. 茶叶

第 1 名	中国	277.72	42.74%
第 2 名	印度	139.08	21.39%
	世界总计	649.7443	100%

4. 棉花

第 1 名	中国	588.9	22.33%
第 2 名	印度	561	21.28%
	世界总计	2636.8	100%

5. 土豆

第 1 名	中国	9181.895	24.79%
第 2 名	印度	5019	13.55%
	世界总计	37043.658	100%

关注点

中国和印度两国在许多农作物的生产中占据了巨大份额

数据来源：联合国粮食及农业组织

印度也很适合种植棉花！

棉花的种植在孟买、班加罗尔、金奈、海得拉巴这四个城市所围成的四边形区域内十分活跃。这个区域位于德干高原上，这里大量分布着由玄武岩母岩形成的土壤，被称为黑棉土。黑棉土也就是"黑色棉花土"，正如其名，是种植棉花的理想土壤。此外，这里雨季和旱季明显、高原上的土地排水性良好等条件，都非常适宜棉花的种植。

甘蔗在印度各地都有种植，特别是在北部的北方邦、中部的马哈拉施特拉邦、南部的泰米尔纳德邦尤为突出，这几个地区的产量占了印度全国产量的大约70%。

俄罗斯成为谷物出口国的曲折之路

俄罗斯的谷物生产和出口

俄罗斯的大部分国土位于北纬 50 度以上，是一个非常寒冷的国家。然而，俄罗斯的粮食自给率（2017 年）非常高，小麦自给率达到 166%，玉米自给率也达到 152%。而俄罗斯有 14437 万人口，本身是一个国内需求很大的国家，可以看出其小麦和玉米的生产量非常大。由于气候寒冷，俄罗斯大米的自给率只有 78%，无法完全自给。

在苏联时期，其作为社会主义国家，在集体农场中基本实现了自给自足。此外，由于国土辽阔，苏联并未建立全国性的流通网络，因此，苏联是世界上最大的谷物进口国之一，对世界的谷物供需产生了重大影响。然而，在 1991 年苏联解体后，俄罗斯引入了市场经济。此后，俄罗斯以小麦出口为中心，成为了世界级的谷物出口国。

2017 年小麦出口量前列的国家分别是俄罗斯、美国、加拿大、澳大利亚、乌克兰、法国、阿根廷。2017 年，俄罗斯超过了长期以来一直占据榜首的美国，跃居首位。小麦是俄罗斯谷物出口的主要产品。主要出口对象是中东和北非地区，对这两个地区的小麦出口量占总出口量的约 60%，特别是对埃及、土耳其等国的出口十分活跃。2017 年，埃及的小麦进口量在印度尼西亚之后，位居全球第二。

苏联解体导致了什么？

在20世纪90年代，苏联解体后的社会混乱等各种因素曾导致谷物产量减少，但到了2000年，俄罗斯成为谷物的净出口国。特别是在20世纪90年代，由于本国畜牧业萎缩使得饲料用谷物的需求减少，而以小麦为中心的谷物生产规模又扩大了，出口能力大大增加。

20世纪90年代的俄罗斯，由于苏联解体后的混乱，国民收入水平大幅下降。而在由社会主义向资本主义过渡的过程中，价格自由化进程加快，其结果就是食品价格飙升。肉类和乳制品等食品尤其明显，肉类的国民人均消费量从20世纪90年代的75千克减少到1999年的44千克。而由于贸易自由化，俄罗斯开始大量进口廉价的外国畜产品。

在这样的背景下，俄罗斯的畜牧业在20世纪90年代缩小了规模。

俄罗斯的小麦主产区是高加索山脉北部和西西伯利亚。前者主要种植冬小麦，后者主要种植春小麦。

冬小麦是在秋季播种，经过冬季，在初夏收获的小麦。春小麦是在春季播种，经过夏季，在秋季收获的小麦。近年来，俄罗斯小麦种植的中心已经转移到高加索山脉北部，在这个地区，饲料用谷物的耕地面积减少，小麦种植地扩大。这些趋势也可以通过俄罗斯的牛养殖数量和牛肉产量、猪养殖数量和猪肉产量在20世纪90年代都有所减少的数据中看出。

自2000年以后，俄罗斯对猪肉和鸡肉的需求增加，猪和鸡的养殖数量增加，饲料用谷物的需求也增大。但是，俄罗斯努力改善饲料效率，即使肉类生产量增加了，饲料用谷物的消费量却没有大幅增加。这样,就实现了俄罗斯谷物出口的稳定化。

然而,国内的谷物稳定供应是最重要的,因此一旦农作物歉收等导致国内供应不足,俄罗斯就会进行出口限制。俄罗斯在 2004 年推出的出口关税和 2010—2011 年的出口禁令就是很好的例子。此外,如果国内的谷物价格低于世界市场,出口增加也有可能导致国内供应不足,因此俄罗斯在 2007—2008 年和 2015 年都加征了出口关税。

俄罗斯谷物出口额的变化

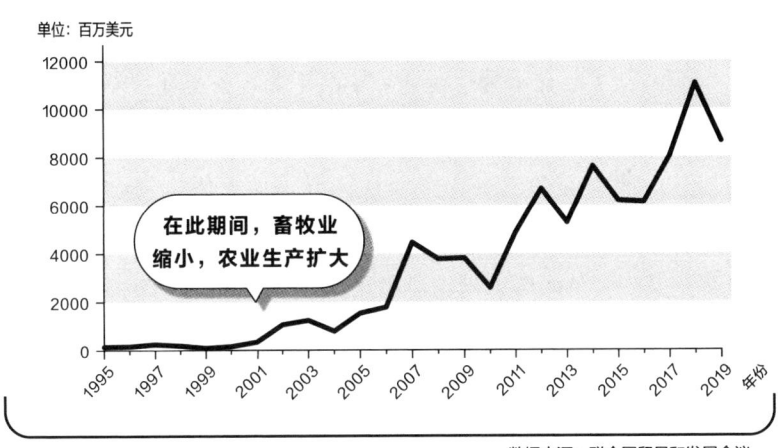

单位:百万美元

在此期间,畜牧业缩小,农业生产扩大

数据来源:联合国贸易和发展会议

越南的大米出口量激增的原因

NO. 68

UNDERSTANDING ECONOMICS: A STATISTICAL APPROACH

> 越南大米出口的变化

2019年的大米生产量在全球排名前列的国家是：中国、印度、印度尼西亚、孟加拉国、越南、泰国、缅甸、菲律宾、巴基斯坦和柬埔寨。水稻适宜在成长期时气温较高并且年降雨量较多的地区种植。在受季风影响较大的亚洲季风区，大米的生产量占全球总产量的90%左右。大米的年生产量为76983万吨，而出口量为4452万吨（2017年），出口占生产量的比例很小，可以说大米主要是地产地销的谷物。

2017年的大米出口量则是印度、泰国、越南、美国、巴基斯坦为前几名。其中，越南的大米出口量正在逐年增加，从2020年的初步统计中可以看出，越南极有可能超过泰国，成为世界第二的大米出口国。2020年，由于近年来的泰铢升值和气候干旱的影响，泰国的大米出口量有所下降。越南在20世纪90年代中期超过美国，成为当时世界第二的大米出口国（当时世界最大的大米出口国是泰国）。自那时起，越南一直是全球主要的大米供应地。越南北部的红河和南部的湄公河下游形成了三角洲，周边地区是大规模的大米生产地。

一个国家要增加出口，必须增加出口余力（生产量减去国内消费量）。越南大米产量的增加从1975年越南战争结束后开始增加。而自1987年以来，单位面积的收获量（单产）增加，耕地面积也有所扩大，生产量更是急剧增加。越南从1986年开始实施的"革新开放政策"也进一步促进了大米产量的增加。

"革新开放政策"的要点

具体来说,越南的"革新开发政策"包括"重新审视过于急躁的社会主义路线""重新审视重工业优先,改为以农业为基础的产业政策""废除计划经济,引入市场经济""参与国际分工和国际合作制度"这四个口号。

从1989年开始出口大米,越南于1988年设立了越南农业与农村发展银行(Vietnam Bank for Agriculture and Rural Development),实施了"农田法"并设立了农业推广机构(1993年)。这些措施都推动了农民的稳定经营并扩大了出口。

越南大米生产量的增加可以归因于:①耕地面积的扩大;②单产的增加;③"革新开放政策"的推动。当然,如果人口激增的程度超过这些增产因素的影响,大米的国内需求增加,也就不会产生出口余力了。尽管越南的人口增长率较高,但相比以前已经有所降低。

越南的大米产量及消费量的变化

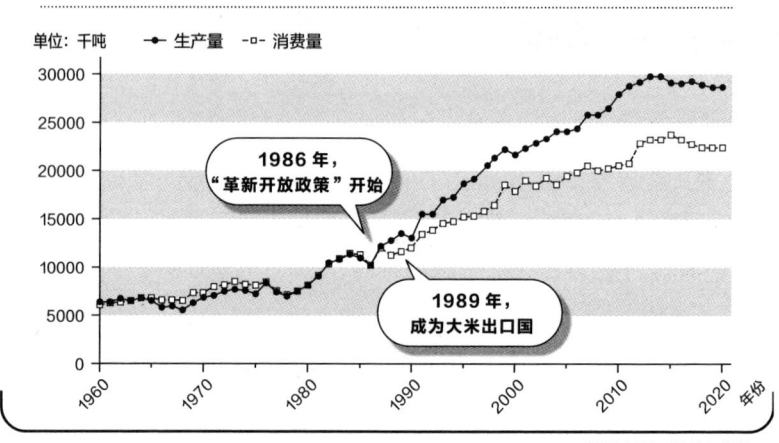

单位：千吨　　●—生产量　　-□- 消费量

（图表：1960—2020年越南大米生产量与消费量变化曲线，标注"1986年，'革新开放政策'开始"及"1989年，成为大米出口国"）

数据来源：美国农业部

越南的独特政策

越南的大米出口政策特点是会适时采取"禁运措施"来禁止出口。其目的是：①确保国内消费量；②保障农民的收入。

越南政府会判断每年的供需情况并由此计算出口余力。私营企业需要保证向农民收购的价格才能得到出口许可。此外，存在大量政府间交易（G&G方式）也是越南出口的一大特征，政府间交易占大米出口总量的60%~70%。

越南对菲律宾的大米出口特别多，菲律宾是众所周知的大米进口国。虽然菲律宾在全球范围内是大米生产量较多的国家，但近年来由于人口增长迅速，国内需求非常高。此外，越南也向非洲各国进行出口。然而，相比外汇创收等短期利益，如何稳定国内供应量以支持不断增长的人口才是越南面临的最重要的问题。

通过茶叶的栽种了解殖民地贸易的历史

NO.
69
UNDERSTANDING ECONOMICS : A STATISTICAL APPROACH

茶叶的生产与进出口

2019年全球茶叶生产量排名中，以中国、印度、肯尼亚、斯里兰卡、越南、土耳其、印度尼西亚、缅甸、伊朗、孟加拉国为前列。

茶叶最初起源于中国。根据发酵程度的不同，茶叶种类繁多，但绿茶、白茶（如白牡丹）、青茶（如乌龙茶）、红茶、黑茶（如普洱茶）、黄茶（如昆山银针）都是由同一种茶叶制成的。

在中国，茶的发音因地区而异，如广东话中是"cha"，福建话中是"te"。古代中国有茶马互市的习惯，因此"cha"这个名字是通过陆路传播开来的。另一方面，福建省的厦门曾经是繁荣的茶叶出口港口，因此"te"这个名字是通过海路传播的。海洋国家中只有葡萄牙使用了"cha"这个发音，这是受到了其曾经的殖民地中国澳门的影响。在日本的战国时代，葡萄牙人首次接触到日本茶道文化，感到十分震惊，并把这个信息传播到了欧洲。

据说首次将茶引入欧洲的是荷兰人。他们在平户买到了日本茶，并在中国澳门从葡萄牙人那里买到了中国茶。虽然日本在江户时代实行了锁国政策，却允许与荷兰进行贸易。后来，荷兰在印度设立东印度公司并开始从事茶叶进口，将其出口到欧洲。英国最初也是从荷兰那里进口茶叶的，但在1669年，英国禁止从荷兰进口茶叶，并向荷兰宣战，这就是第三次英荷战争（1672—1674年）。

英国在这场战争中获胜并获得了与中国贸易的特权。以福建省的厦门为出口基地，英国开始独占茶叶的进口。由于茶叶是从福建省进口的，因此在英国，茶叶被称为"tea"。

为什么在欧洲无法种植茶

茶适宜在高温多雨、排水良好且通风条件良好的地方种植。因此，不仅英国，整个欧洲几乎都没有适合种植茶的地方。于是英国为实现低成本的大规模生产，开始在各个殖民地种植茶。

在此期间，人们用中国茶和阿萨姆种（在印度的阿萨姆地区发现）杂交，并开始广泛种植杂交种。印度、肯尼亚和斯里兰卡这些旧英国殖民地都发展了大规模的茶树种植农业。旧荷兰殖民地的印度尼西亚也是如此。这些前殖民地国家种植茶叶的传统一直延续至今，这种农业被称为种植园农业。

印度、肯尼亚和斯里兰卡不仅大量生产茶叶，茶叶出口也非常繁荣。2017年的茶叶出口量排名中，肯尼亚、中国、斯里兰卡、印度和越南名列前茅。越南是受中国文化影响的国家，据说早在公元9世纪，茶文化就从中国传入了越南。因此，比起越南南部茶文化在离中国更近的越南北部更为普及。在法国殖民时代，越南曾进行过以对欧出口为目的的茶叶种植，至今仍是有名的茶叶生产和出口国。

导致非洲食物不足的"花生问题"是什么？

NO. 70

西非传统农业形态及其变迁

2019年的花生生产量排名中，中国、印度、尼日利亚、苏丹、美国、缅甸、塞内加尔、阿根廷、几内亚、乍得名列前茅。

在前十名中，非洲国家占了5个，如果将生产量排名扩大到前20名，非洲国家就有13个。特别是尼日利亚、塞内加尔、几内亚、乍得、尼日尔、加纳、喀麦隆、马里、布基纳法索等国家的花生生产十分活跃。

西非的塞内加尔自古以来就是整个聚落集中在一起的集村形态。塞内加尔是一个干旱气候广泛的国家，缺乏丰富的水资源。因此，人们倾向于在水资源丰富的地方聚居成村。集村形态也有利于防御外敌。

在聚落周边，人们进行林地、花生种植地、杂粮种植地等的轮作，目的是防止土壤肥力下降和连作障碍。

如果在同一地点持续种植同一种农作物，可能会导致病原菌和有害线虫增多，或者土壤中的营养不足，影响作物生长。作为对策，人们每年改变种植地点进行轮作。

到了20世纪70年代，塞内加尔的花生种植开始扩大。这主要是因为花生是豆科植物，种植花生可以恢复土壤肥力。而且为了获取外汇，政府也鼓励以出口为目的种植花生。

豆科植物的强大力量

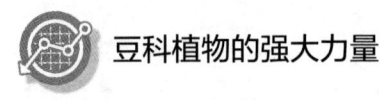

根瘤菌是一种土壤微生物，它在豆科等植物的根部形成根瘤（植物根部的肿块）。根瘤可以将大气中的氮转化为氨，这个过程能提高土壤的肥力。美国的玉米带（Corn Belt）之所以同时种植大豆，也是为了恢复土壤的肥沃度。不只是花生，可可豆、咖啡豆等农作物的种植规模也因同样的原因得到了扩大。

然而，一旦优先种植了花生这样的经济作物，自给自足的粮食就只能在肥沃度较低的土地上种植，粮食生产的效率降低，从而导致食品短缺。同时，过度种植花生也会导致连作障碍，造成耕作困难等问题。像这样专注于特定农作物的种植的种植园农业，受到市场条件影响较大，因此也会存在收入不稳定等问题。

从月季来了解荷兰和非洲诸国的关系

世界月季贸易状况

你知道世界上最大的月季贸易国是哪里吗？其实是荷兰。

在荷兰交易的鲜切花中，月季最多，大约占总量的30%。下一页的图表显示了2013年荷兰月季（鲜切花）的进出口情况。从这张图中，我们可以看出荷兰在月季贸易中起到了中转站的作用，成为世界市场上流通的花材的主要出口源。进口月季最多的国家也是荷兰，其次是德国、法国、英国等欧洲国家。

世界月季种植业在20世纪70年代的两次石油危机中发生了巨大的转变。因为温室使用的燃料费用飙升，所以在相对寒冷的欧洲国家种植月季的成本变得非常高。因此，一部分生产商将产地从欧洲转移到了南美和东非。这些转移地的国家为了促进经济发展和创造就业，对这种产业转移也表示欢迎。

进入21世纪，南美的厄瓜多尔和哥伦比亚，东非的肯尼亚和埃塞俄比亚成为月季生产大国，鲜切花等花卉产业成为了重要的外汇收入来源。

肯尼亚和哥伦比亚等国之所以被选择，其中一个原因就是气候条件。荷兰位于较高纬度（首都阿姆斯特丹位于北纬52.4度），因此年温差（最热月和最冷月的平均温度差）相对较大（荷兰城市德比尔特的年温差约为15℃）。因此，在荷兰，寒冷的10月至2月，日照时间较短，需要使用温室等人工设施。

然而，肯尼亚和哥伦比亚等国位于赤道周边，年温差小，而且海拔高，呈现出"常春"的特点，日照时间长，全年都适合种植月季。与此同时，当地工资水平较低，可以实现低成本生产，也是一个优点。

目前，世界月季出口额的排名是：厄瓜多尔、肯尼亚、哥伦比亚、荷兰、埃塞俄比亚。月季的生产和出口以南美和东非为中心，荷兰排在这些国家中甚至会让人觉得有点奇怪。

荷兰的月季进出口（2013年）

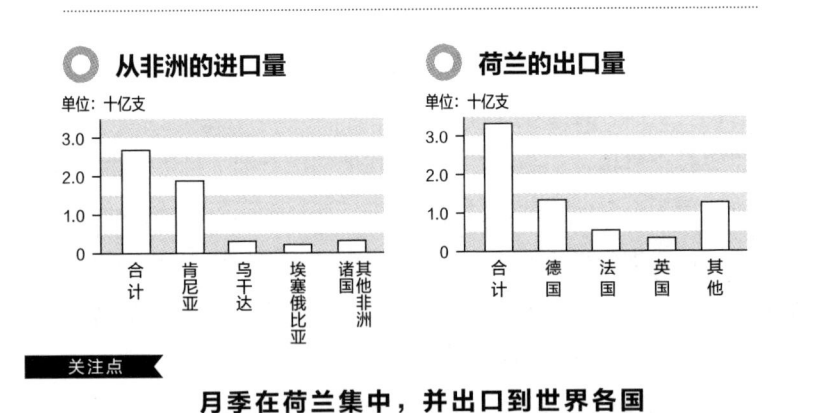

从非洲的进口量
单位：十亿支

合计	肯尼亚	乌干达	埃塞俄比亚	诸国	其他非洲
2.7	1.9	0.3	0.2	0.3	

荷兰的出口量
单位：十亿支

合计	德国	法国	英国	其他
3.3	1.4	0.6	0.4	1.3

关注点　月季在荷兰集中，并出口到世界各国

数据来源：Statistics Netherlands

农业与数据 | 第5章
——人类能生存下来吗?

通过渔业可以预测正在发展的国家

NO.
72
UNDERSTANDING ECONOMICS:
A STATISTICAL APPROACH

> 世界渔业和养殖业生产量

2018年,世界渔业生产量排在前列的国家是中国、印度尼西亚、秘鲁、印度、俄罗斯、美国、越南、日本、挪威和智利。当我们谈论渔业生产量时,通常会将海洋和内陆水体(如河流、湖泊、沼泽等淡水环境)分开讨论。

近年来,人们越来越意识到对水产资源的持续性管理的必要性。这个观念转变的契机发生在1995年10月末,联合国粮农组织大会通过了《负责任渔业行为守则》。目前,世界各地正在努力推进可持续的渔业和养殖业,并考虑如何实现渔业与环境保护的并存。

世界的渔业生产量在最近20年来基本上保持稳定,没有大幅的增减。发达国家的产量基本保持稳定或略有下降,但在一些国家,渔业产量正在增加。

中国是如何成为世界第一的?

世界最大的渔业生产量[①]是中国。1990年的产量为671万吨,2000年为1482万吨,2018年为1483万吨,从数据推移可以看出,

---

① 译者注:联合国粮农组织统计为渔业和水产养殖总产量,但不包含藻类等。和我国统计口径不同。

中国的渔业产量一直在增加。这背后的原因是经济增长带来的生活水平提高及饮食习惯的改变导致的对水产品的需求增加。中国2018年的渔业生产量中，86.8%来自海洋。然而，对于一个拥有如此庞大人口的国家来说，仅靠捕捞很难完全满足对水产品的需求，因此中国的水产养殖业也非常庞大。

中国的养殖业生产量在1990年为608万吨，2000年为2575万吨，2018年为4991万吨，大约在30年内增长到了8.2倍。这样庞大的生产量不仅是为了满足国内需求，也有很大一部分用于出口。中国是世界上最大的水产品出口国。值得注意的是，在中国的水产养殖生产量中，内陆水体的占比相对较高，这是由于中国的沿海地区面积较小，在广大的内陆地区，淡水养殖业非常繁荣。

除了中国，印度尼西亚、印度、越南等国的渔业生产量也呈上涨趋势。这三个国家近年来随着人口增长、经济发展，生活水平有了显著提高。此外，孟加拉国、菲律宾、缅甸等东南亚国家的养殖业产量增长也非常显著。在这些地区，尤其盛行虾的养殖。

2016年，虾的养殖产量比1990年增加了8.7倍，在这近四分之一的世纪里，虾的养殖池扩大了很多。然而，为了建造虾的养殖池，造成红树林（如榄仁属等群落）砍伐的案例屡见不鲜。红树林不仅被周边居民用作燃料，也是维系鸟类和鱼类生态系统的重要场所。此外，由于红树林具有天然的防潮功能，红树林的消失也会增加洪水和海啸灾害的风险。实际上，在2004年苏门答腊地震引发的海啸中，就有许多人因此而丧生。

在2021年度的日本大学入学共通测试（第一日程）的地理B部分，出了一个问题，要求比较2000年和2017年渔业捕捞量和养殖业生产量总和的前8个国家。可以看出，不仅是中国、印度尼西亚、印度和越南的养殖业产量也在增加。越南是日本最大的虾类进口国。在日本超市的生鲜食品区，找一找标有"越南产"的虾，也是一种很好的地理教育。地理是一门关于现代世界本身的学科。它是日常生活的延伸，可以让我们详细了解我们日常所见所闻的事物。希望各位读者也能通过学习地理来扩大自己的视野。

日本是世界第二位的水产品进口国

NO.73

> 水产品进出口与每人每日的水产品消费量

全球渔业和养殖业产量中，有超过 30% 被用于出口。随着运输技术的进步、人工成本低的发展中国家逐渐转变为水产品加工基地，在贸易自由化的推进下，水产品贸易呈增长趋势。而与之相比，肉类的出口量仅占其总产量的 14%（牛肉 12.3%，猪肉 13%，鸡肉 12.6%）。虽然同为蛋白质来源，水产品的出口要比肉类更多。

全球水产品贸易中，在日本、美国、欧盟等发达国家和地区，进口量大于出口。而在中国、越南、印度、智利、印度尼西亚、泰国等发展中国家，水产品出口则是获取外汇的一种重要手段。

2017 年，全球水产品出口额排在前列的国家是中国、挪威、越南、印度、美国、智利、泰国、荷兰、加拿大和丹麦。中国从很早以来就是水产品出口旺盛的国家，在 2004 年超过挪威成为世界最大的水产品出口国。中国每人每日的水产消费量为 106 克，国内需求量也属于较大的国家，但由于养殖业发达，出口余力非常大。

挪威在 1976 年时（这是在渔业局统计中可以确认的最早记录）就是世界最大的水产品出口国。虽然后来被美国和智利等国超越，但一直保持较高水平，至今仍是世界主要水产品出口国。挪威的人口约为 537 万人（2019 年），是一个国内消费量很小的国家。由于近有潮流和浅滩，形成了良好的渔场；西部地区广泛分布着峡湾，便于利用自然地形建设渔港；等等原因，自古以来就在发展渔业。挪威人均每日水产消费量为141克，虽然人均消费量在全球范围内偏大，但由于本国人口少，国内消费量较小，因此出口能力非常大。

另一方面，2017年全球水产品进口额前列的国家是美国、日本、中国、西班牙、法国、意大利、德国、韩国、瑞典、荷兰。其中各国的每人每日水产消费量分别为：美国61克、日本128克、中国106克、西班牙116克、法国94克、意大利82克、德国35克、韩国224克、瑞典90克、荷兰60克。

美国拥有32824万人口，即使每人每日的水产消费量不大，也存在巨大的国内需求。虽然拥有世界第六大的渔业产量，但由于养殖业不太发达，需要以进口来满足部分国内需求。

世界主要国家和地区的水产品进出口额

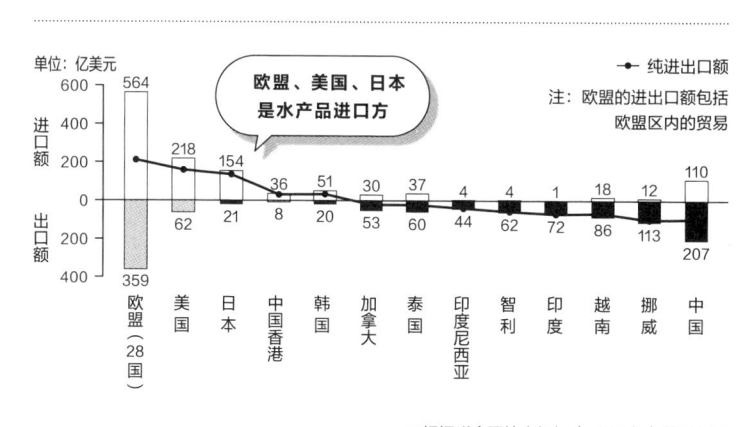

单位：亿美元

欧盟、美国、日本是水产品进口方

→ 纯进出口额

注：欧盟的进出口额包括欧盟区内的贸易

国家/地区	进口额	出口额
欧盟（28国）	564	359
美国	218	62
日本	154	21
中国香港	36	8
韩国	51	20
加拿大	30	53
泰国	37	60
印度尼西亚	4	44
智利	4	62
印度	1	72
越南	18	86
挪威	12	113
中国	110	207

※根据联合国粮农组织（2017年）数据绘制

来源：日本水产厅

日本为何成为进口国？

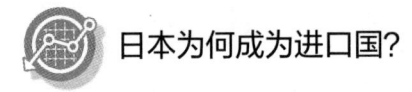

尽管有轻微的减少趋势，日本仍然是每人每日消费量非常大的国家。考虑到日本 12626 万人的人口规模，国内需求可以说是很大。然而，日本的水产产量在 1984 年达到了顶峰（1282 万吨），1989 年最后一次成为世界第一（1191 万吨），此后就一直在减少。2018 年，日本的水产产量是 442 万吨。日本的远洋渔业曾经很繁荣，但由于 1973 年的第一次石油危机导致燃料费用上涨，以及随后设立的专属经济区等因素，远洋渔业衰退了。作为替代，近海渔业开始发展起来。但由于沙丁鱼的捕捞量减少，从北洋渔业中撤退，等等原因，近海渔业也在陆续减少捕捞量。另外，由于海水温度等条件会在几十年的跨度内发生变化，由此会导致"渔种交替"的现象。人们认为日本近海沙丁鱼捕捞量的减少也是受"渔种交替"的影响。

然而，日本对水产品的需求量仍然很大，为了满足这样的需求，就需要进行进口。日本进口的鱼类中最多的是鲑鱼和鳟鱼类，第二名则是鲣鱼和金枪鱼类，第三名是虾。虾主要从东南亚进口。此外，由于冷冻技术的发展，远距离运输成为可能，金枪鱼、鲷鱼、鲑鱼等日本近海并不是捕捞地的鱼类的消费量正在增加。

第 6 章

环境与数据
——上天赋予的地理优势

本章包含的主要统计

厄尔尼诺和拉尼娜现象与农作物生产、日本的大米生产量、文明的发源地与人口增长、世界遗产的社会和经济效应、主要国家的国际旅游收入和支出、非洲国家的人口和农业、非洲各国的宗主国与贸易、英国和日本的新城、新加坡的四分之三油箱法、人均二氧化碳排放量

厄尔尼诺现象招致的经济
危机是什么？

NO.
74

厄尔尼诺和拉尼娜现象与农作物生产

厄尔尼诺现象是指，在观察区域（例如厄瓜多尔和秘鲁的西海岸）海水的"5个月移动平均温度"连续6个月或更长时间上升0.5℃以上的现象。

对普通人来说，这可能听上去像是远在天边的事，但实际上它的影响非常大。厄尔尼诺现象是一个不仅在空间尺度上很大，而且在时间跨度上也很大的自然现象。它在"大区域"内"长期"发生。

由于厄尔尼诺现象，秘鲁周围地区会变得比平时更加高温多雨（大气被加热，上升气流变得更强）。受此影响，从东南亚到澳大利亚北部，都会变得更加高温干燥（下降气流变得更强），更容易出现干旱和森林火灾等灾害。它还会引起偏西风的蛇行，导致寒冷的空气难以流入日本，使日本迎来暖冬。

当厄尔尼诺现象发生时，秘鲁海域的鳀鱼（小口鲱科）捕获量可能会欠佳。鳀鱼不仅用于食用，还常用于肥料和饲料，因此也可能会导致谷物等的价格上涨。

什么是拉尼娜现象？

拉尼娜现象是厄尔尼诺现象的反面，也就是秘鲁海域的海水温度下降的现象，在过去的 20 年中发生了 5 次。

实际上，人们认为从 2020 年夏季开始，拉尼娜现象就一直在持续。拉尼娜现象使得在南美大陆上的降水量比平年减少。根据农业气象信息卫星监测系统（JASMAI）的数据，2020 年 12 月阿根廷的土壤水分与 2019 年 12 月相比就明显减少了。

让我们看一下世界四大粮食——大米、小麦、玉米和大豆的产量与过去发生的厄尔尼诺和拉尼娜现象的相关性。请参阅第 221 页的图表（本节第二个图表）。大米、小麦和玉米这三种谷物的产量在厄尔尼诺年和拉尼娜年都比平年少。而大豆的产量则在厄尔尼诺年比平年多，在拉尼娜年比平年少。

阿根廷是全球土地面积第八大的国家。国土的南部（巴塔哥尼亚地区）位于安第斯山脉的下风侧，干燥的风（Zonda Wind）会刮过这一区域。而由于福克兰寒流流经阿根廷海岸，使大气冷却导致上升气流难以形成，因此这一区域主要是干燥气候。

正因如此，阿根廷的谷物种植地主要集中在拉普拉塔河下游的广大温带草原（潘帕斯）地区，这里的谷物产量变化对全国影响巨大。这一点与在各个地区都进行谷物种植的邻国巴西相比，非常不同。或许可以说，巴西正是通过"分散风险"来应对可能的农作物减产的。这也使得巴西得以向世界最大的大豆进口国中国提供稳定的供应。截至 2017 年，巴西仍是世界最大的大豆出口国。

厄尔尼诺现象和拉尼娜现象是什么？

○ 平常时

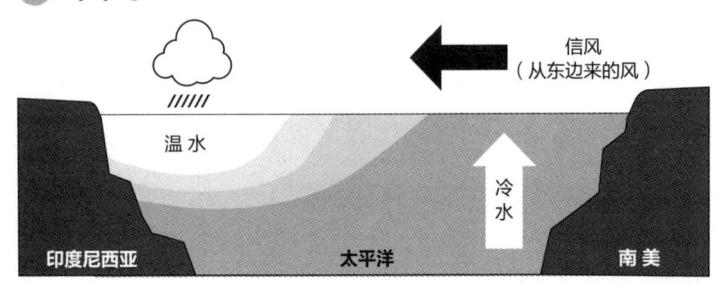

信风（从东边来的风）

温水

冷水

印度尼西亚　太平洋　南美

○ 厄尔尼诺现象（在日本形成冷夏、暖冬）

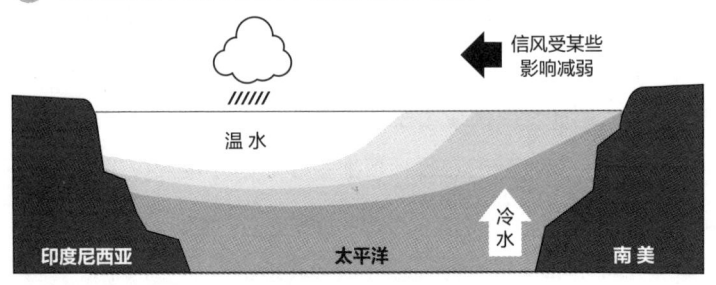

信风受某些影响减弱

温水

冷水

印度尼西亚　太平洋　南美

○ 拉尼娜现象（在日本形成炎夏、寒冬）

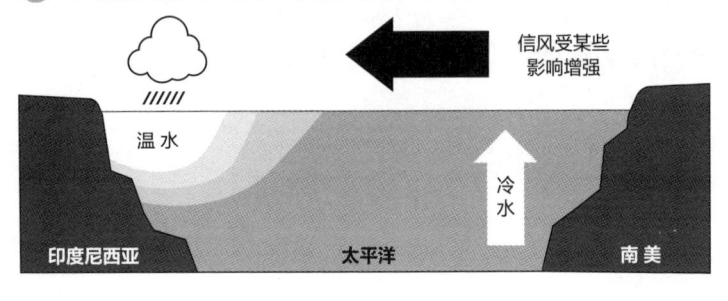

信风受某些影响增强

温水

冷水

印度尼西亚　太平洋　南美

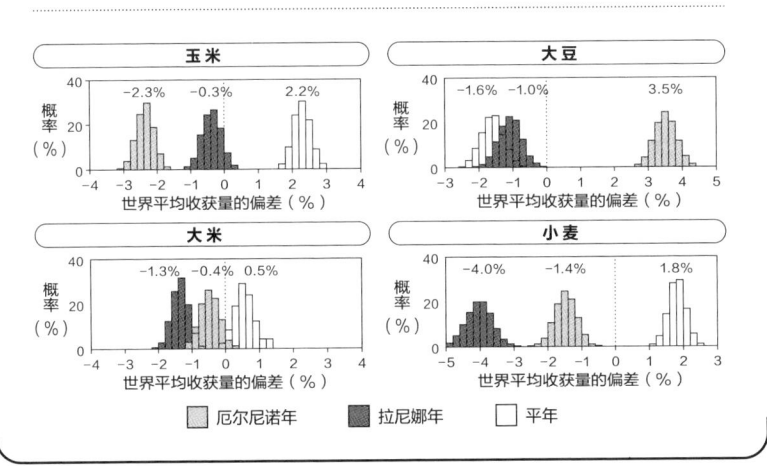

环境与数据 | 第6章
——上天赋予的地理优势

对农作物生产的影响

玉米
- −2.3%　−0.3%　2.2%

大豆
- −1.6%　−1.0%　3.5%

大米
- −1.3%　−0.4%　0.5%

小麦
- −4.0%　−1.4%　1.8%

（纵轴：概率（%），横轴：世界平均收获量的偏差（%））

图例：厄尔尼诺年　拉尼娜年　平年

来源：日本农业环境技术研究所、日本海洋研究开发机构

阿根廷的政策对越南产生影响

迄今为止的拉尼娜年度和次年度，谷物产量通常有所减少。受玉米和大豆产量减少的影响，阿根廷政府为确保国内供应，决定在2020年12月30日停止出口。然而，国内农业团体反对此决定并发起了罢工，政府因此撤销了出口禁令。而这也影响到了从阿根廷进口饲料谷物的国家。

越南一直从阿根廷进口饲料谷物，考虑到上述背景，越南选择俄罗斯为替代进口国，开始从俄罗斯进口谷物。为了进一步确保饲料谷物的供应，越南还开始从印度进口碎米（在精炼过程中碎掉的米）。越南预计将在2020年成为世界第二的大米出口国，是一个农业大国，但即使如此也会因阿根廷的谷物减产受到重大影响。

由于各国都在担心阿根廷谷物出口量的减少，美国产谷物的出口合同开始增加。在美国交易量最大的期货市场——芝加哥市场，大豆和玉米的近期合约（在期货交易中，交割日期较近的产品）价格都从2020年12月起大幅飙升。

对日本的影响是什么？

日本依赖进口来满足除大米外大部分谷物的需求，包括玉米和大豆，甚至小麦。而日本最大的进口来源国是美国，从美国进口的谷物占据很大比例。如果不得不高价进口饲料，可能会导致成本上升，从而导致国产畜产品价格上涨。

这是一个"大风吹动，桶工受益"[①]的例子，看似离我们很远的自然现象可能会影响到日本人身边的生活。

---

① 译者注："大风吹动，桶工受益"是一个日本寓言。大风吹动会扬起沙尘，沙尘易致盲，盲人数量就会增加，盲人要弹奏三味弦，三味弦使用猫皮制作，为了制作三味弦，猫的数量减少，老鼠的数量就会增加，老鼠啃食破坏木桶，人们需要购买新的木桶，桶店的生意就会变好。寓意：看似不相关的事物会在意想不到的地方产生影响。

环境与数据 | 第6章
——上天赋予的地理优势

平成时代的"米骚动"和关于"食育"的思考

NO.
75
UNDERSTANDING
ECONOMICS:
A STATISTICAL APPROACH

日本的大米生产量

听到"米骚动"这个词，你可能会想到那场在大正时代，由抢米为开端，最终带来了以原敬为首相的日本首个真正的政党制内阁的全国性政治革命。但是，在这里，让我们一起来看看1993年发生的"平成时代的米骚动"。

1993年，日本遭遇了严重的大米短缺。同年，日本的大米产量为979.3万吨，相比前一年下降了74.1%。原因是在那一年，日本经历了自1913年以来80年不遇的超级冷夏。1993年的大米作物状况指数为74，被评为"显著不良"。而且，由于1991年的短缺（作物状况指数为95），库存量也很少，这更加剧了大米短缺的情况。

1993年日本的冷夏被认为与1991年6月15日的皮纳图博火山大爆发有关。而偏西风的蛇行和厄尔尼诺现象是可能的原因之一。

厄尔尼诺现象可能会给日本带来冷夏和暖冬，而拉尼娜现象可能会给日本带来酷热的夏季和严寒的冬季。

皮纳图博火山的喷发物总量为10立方千米，被认为是20世纪最大的火山喷发，喷烟达到了距地面17—26千米的平流层。一个月后，这些喷射物就扩散到了从北纬25度到15度的广大区域。随后，在1992年出现了较弱的冷夏，而1993年出现了超级冷夏。

雪上加霜的是，1993年的梅雨前线在日本列岛附近停滞了很长时间。甚至在日本官方一度宣称梅雨结束后,不得不在 8 月下旬撤回这一声明。梅雨前线是在北侧的鄂霍茨克海气团和南侧的小笠原气团之间形成的交界线。当鄂霍茨克海气团变弱,小笠原气团推进,就标志着梅雨结束。但在 1993 年,小笠原气团较弱,而鄂霍次克海气团则在很长一段时间内保持强势。从鄂霍次克海气团吹出的冷风被称为"山背风",日本北海道和东北地区都会受到山背风的强烈影响。

没有准备好"出口到日本的大米"

大米一旦发生短缺就会导致价格上涨。为了避免这种情况,日本开始紧急从国外进口大米。先是在 1993 年 11 月从泰国进口了粳米,次年又开始从其他国家进口大米。其中,从中国进口了 108 万吨,从泰国进口了 77 万吨,从美国进口了 55 万吨,从澳大利亚进口了 19 万吨。

日本原本是一个大米自给自足的国家,进口量较低,因此没有一个国家能够额外提供充足又高质量的对日出口大米。虽然通过进口解决了数量上的短缺,但是这些进口的大米大部分是籼米。一些日本人因此抱怨道,"这种难吃的米我们怎么能吃得下!"

最终,有大约 98 万吨的进口大米未能售出。在日本困难的情况下,国际社会伸出了援手,而日本却是这样的态度。我想,日本需要更加重视"食育"。

环境与数据 | 第6章
——上天赋予的地理优势

日本的大米生产量变化

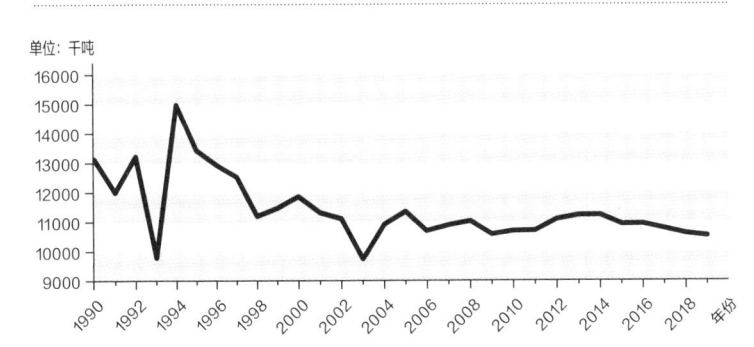

单位：千吨

(图表：1990年—2018年日本大米生产量变化曲线，纵轴9000—16000千吨，1994年出现约15000千吨的峰值，之后总体下降并稳定在10000—11000千吨左右)

关注点
1993年的"米骚动"促进了日本对储备米的管理

数据来源：联合国粮食及农业组织

这场"平成时代的米骚动"在次年得以平息。1994年，拉尼娜现象发生，天气一转眼变成高温，日本也迎来了大丰收。

而在另一边，在1993年的关税与贸易总协定乌拉圭回合农业协议上，日本承诺部分开放大米市场。而为了让日本国内的法制体系与新的国际贸易规则保持一致，也有必要重新修订粮食管理制度。由此，日本制定了"1995年粮食法"（正式名称为《关于主要粮食供需和价格稳定的法律》），政府的角色被限定为对储备米的管理和对"最低限度进口米"政策的运用。①

日本政府储备米的适宜储备水平设定为大约100万吨，可以应对

---

① 译者注："最低限度进口米"指日本从海外进口所要求的最低数量的大米。在乌克兰回合中，日本承诺开放免税及低关税大米的进口，但为了保护国内大米市场稳定，设定了最低限度进口米的制度。

10年一遇的作况指数92的歉收情况①。每年购买约21万吨，5年后以饲料形式出售。"最低限度进口"是为了在不对国内农民产生负面影响的情况下提供进口机会，由国家统一进口并销售。也就是说，这是一场国际贸易。

不管在哪个时代，自然环境的变化都会迫使人们的生活方式发生改变。虽然我们可能会称之为异常气候，但实际上相同情况一直持续才是异常的，而这种突发现象的发生反而是非常自然的事情。

---

① 作况指数：指评估农作生长状况的指数，主要用于反映作物生长的健康状况和产量预期。

为什么西亚的土地变得贫瘠？

环境与数据——上天赋予的地理优势 | 第6章

NO.76

文明的发源地与人口增长

2019年，全球人口达到774273万人，预计到2050年将达到97亿，到2100年将增加到109亿。

自人类诞生以来，我们一直依靠狩猎、捕鱼和采集等方式从自然界中获取食物，这被称为采集经济。当然，人无法每天都稳定地采集到食物，因而仅靠"采集经济"很难支撑不断增长的人口。在日本，我们可能更多地强调狩猎和捕鱼的作用，但实际上，通过植物采集食物的行为也很常见。但不管通过什么方式，获取食物的量仍然是不稳定的。

但是，距今大约一万年前，人类开始种植谷物，保证了稳定的食物供应量。大约到公元元年的时候，人口已经增长到了约25000万人。这被称为"食物生产革命"，也就是农业的起源。食物生产革命起源于西亚的一个角落。在最后的冰河期（维尔姆冰期，大约发生在距今8万年前到1万年前）结束后，曾经覆盖地球高纬度地区的冰川开始融化，海平面上升了120米~130米。

随着地球的变暖，在现在的巴勒斯坦到叙利亚、伊朗、伊拉克的西亚地带开始出现了农耕。这个地区被埃及学者詹姆斯·亨利·布雷斯特德（1865—1935年）命名为"肥沃新月地带"。这里是小麦和大麦的原产地，也是农业的发祥地。与动物和鱼不同，谷物可以长期保存。随着人口的增长，村庄的规模也开始扩大，建筑和冶金等各种技术也出现了，物资的交换和文字的发明等进步也随之出现。

过度灌溉导致的土地盐碱化

以在幼发拉底河和底格里斯河周边发祥的美索不达米亚文明为起点，文化开始向东、西传播，形成了印度河流域文明和古埃及文明等次级中心地区。

这些文明兴起的地区都有外来河流流经，河水被用作灌溉水来进行农业生产。此外，河流也提供了水上运输，促进了贸易活动。

但是，这些文明起源的地区现在已经变成了生产力贫瘠的土地。

1950 年，西亚地区人口约为 5120 万人，到 2019 年已经增加到了 37800 万人。为了满足人口增长而带来的食物需求，就必须扩大农业生产。

这里分布着广泛的干旱区域，农业活动主要为利用河水和地下水的灌溉农业，但过度的灌溉会导致土壤盐碱化。过度使用灌溉水会导致土壤中的盐分由于毛细作用聚集，使土地变得贫瘠。如果你通过 Google Earth 等软件查看这些盐碱化的土地，会看到这片土地如同被雪覆盖一样，其土壤已经变成白色。

| 环境与数据 第6章
——上天赋予的地理优势

土壤盐碱化的机制

第一步　浇灌农业用水（盐分）

第二步　含有盐分的地下水上浮

第三步　强烈的日照使水分蒸发，形成盐碱化

埃及享受到的世界遗产经济效果

NO.
77

UNDERSTANDING
ECONOMICS:
A STATISTICAL APPROACH

世界遗产的社会和经济效应

你知道"世界遗产"这一概念是如何诞生的吗?这其实源于埃及阿斯旺水坝的建设。

阿斯旺水坝的建设工程始于1960年,但水坝上游形成的水坝湖会使阿布辛贝神庙面临被淹没。这时,联合国教科文组织发出号召,埃及人最终将神庙切割,并花费五年的时间将其迁移到高地。由此,人们开展了许多积极行动来保护具有世界价值的文化遗产。这就是世界遗产公约创立的缘由。

1979年,孟菲斯及其金字塔墓地遗址、底比斯古城及其墓地遗址、阿布辛拜勒至菲莱的努比亚遗址、开罗历史区和阿布明纳五处埃及古迹被列入世界文化遗产名录。世界文化遗产的整理登记,加深了人们对文化遗产的理解,也成了吸引游客的因素,旅游收入逐渐成为埃及经济的支柱之一。外国旅游收入在埃及GDP中约占4.1%(2019年)。

但是,一旦成为旅游地,就会改变当地居民的生活。乱扔垃圾等问题造成环境恶化,文化遗产也有被游客破坏的现象,这些都对当地居民的生活文化和社会结构造成了影响。此后,埃及的游客人数持续增长,但在2010年的"阿拉伯之春"之后,其政治局势变得不稳定,外国游客数量比2010年骤减了33.2%。此后外国游客的数量一直低迷,但从2016年开始呈现回升趋势。然而,2020年的新冠疫情再次重创了埃及的旅游业。

埃及的收入主要来自原油出口、旅游收入、苏伊士运河过境费收入和海外劳工汇款四大部分。埃及不是通过将国内生产的产品出口到海外来赚取外汇的，可以说是一个依赖外国经济状况的经济体系。也正因如此，埃及至今几乎没有培养国内产业。

其实，埃及不仅人口超过了一亿，人口增长率也很高（2019年为1.98%）。再加上相对较低的工资水平，埃及完全具备成为邻近欧盟的生产基地的地理优势。虽然有一些日本企业为了埃及广大的市场而进驻埃及，但以出口导向制造业为目的进驻埃及的外国企业还很少见。

埃及经济的另一个支柱是苏伊士运河过境费收入。埃及从2014年开展了苏伊士运河的扩宽工程，并在运河沿岸设立了经济特区，扩大了可以通过的船舶数量。埃及利用苏伊士运河的通行费作为资金来源，正准备在经济特区中心设立机场、物流和金融中心，并将政治和经济功能向那里集中，将之建设为新的首都。

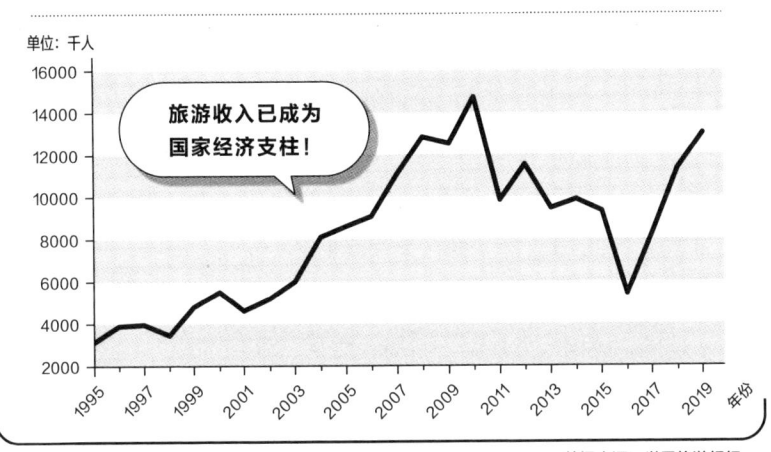

埃及的入境游客数量变化

单位：千人

> 旅游收入已成为国家经济支柱！

数据来源：世界旅游组织

从发达国家转向发展中国家：海外旅行与经济

NO. 78

UNDERSTANDING ECONOMICS: A STATISTICAL APPROACH

主要国家的国际旅游收入和支出

受 2019 年暴发的新冠疫情的影响，我们暂时不能轻松地畅享海外旅行。旅游业受到了重大打击。笔者每年都会去海外旅行两到三次（大多数是为了潜水），只能期待早日恢复正常。在此，我们将讨论在新冠疫情之前，到 2019 年为止的主要国家的国际旅游收入和支出。

2019 年的出境游客数量，最多的是中国，有 15463 万人次。其后依次是德国 1854 万人次，英国 9308 万人次，美国 9256 万人次，俄罗斯 4533 万人次，意大利 3470 万人次，韩国 2871 万人次，乌克兰 2781 万人次，印度 2691 万人次（日本是 2008 万人次，排在全球第 17 位）。

另一方面，入境游客（过夜旅游）数量最多的是法国，有 8932 万人次，其后依次是西班牙 8350 万人次，美国 7925 万人次，中国 6573 万人次，意大利 6451 万人次，土耳其 5119 万人次，墨西哥 4502 万人次，泰国 3991 万人次，德国 3956 万人次，英国 3941 万人次（日本是 3188 万人次，排在全球第 12 位）。

入境游客数量排在世界前 20 名的欧洲国家有法国、西班牙、意大利、德国、英国、奥地利、希腊、波兰、荷兰等国。

在欧盟区内的跨国旅行，多从德国和英国等相对高纬度的国家流向法国、西班牙、意大利、希腊等地中海沿岸国家。欧洲人为追求

"阳光的恩惠",喜欢从寒冷的国家旅行到相对温暖的国家。

2019年,世界各国人均国民总收入统计数据显示,德国是47488美元,意大利是33373美元,西班牙是29860美元,希腊是19444美元。因为收入的差异,对于相对富裕的北部国家来说,地中海沿岸国家的物价低廉划算,是旅行的理想选择。当然,欧盟区内由于申根协议的推动得以自由移动,在发达国家和发展中国家之间也是如此。

发展中国家的经济水平低,货币价值低,从发达国家过来旅行就会感到物美价廉。因此,发展中国家往往会有很多来自发达国家的游客,而反过来的情况则较少。

支持发展中国家和新兴国家的旅游业

尽管泰国近年来经济发展迅速,但人均国民总收入仍然较低,仅为7407美元(2019年)。到访泰国的入境游客数量为3991万人次,而从泰国出发的出境游客只有1044万人次。而从国际旅游收支的角度来看,泰国是盈余的(收入超过支出),国际旅游收入在国家经济活动中所占的比例很高。

我们可以计算一下2019年的国际旅游收入占各个国家GDP的比例。国际旅游收入额排名前列的国家分别为:中国0.2%、美国0.9%、日本0.9%、德国1.1%、英国1.8%、法国2.3%、意大利2.5%、澳大利亚3.3%、西班牙5.7%、泰国11.1%。从这些数据可以看出,在泰国,旅游业已经成为其主要的产业之一。一般而言,越是发展中国家和新兴市场国家,这个比例往往越高。

非洲各国营养不足问题的两个原因是什么？

NO.
79

UNDERSTANDING
ECONOMICS:
A STATISTICAL APPROACH

非洲国家的人口和农业

在一些非洲国家中，营养不良人口的比例较高。这是因为食物生产无法跟上人口增长。

这个问题需要分开考虑以下两个原因：①食物生产量并没有足够的增长；②人口涨势迅猛。②的原因在"与经济发展相关的'人口转型'是什么？"中有详细解释（参见第 035 页，第 1 章 No.13）。

而关于原因①，其理由之一是严酷的自然环境。非洲大陆约 85% 的区域都处于热带和干旱带，并不适宜粮食的生产。此外不能忽视的一点是，许多非洲国家长久以来采取的都是单一经济模式，主要种植经济作物。

历史上，许多非洲国家曾被英国和法国等国家殖民统治。

工业革命带来的发展提高了欧洲人的生活水平。在工业革命时期，改良蒸汽机出现，被运用到蒸汽机车和蒸汽船上，也由此开始了真正意义上的大规模贸易。与此前难以进行大量运输的时代不同，大量农作物因此得以流入欧洲。其结果就是，欧洲对工业原材料和嗜好作物的需求增加了。

因此，非洲各国开始种植茶、可可、棉花、咖啡豆、天然橡胶、甘蔗、香蕉等经济作物。

非洲农业的弱点

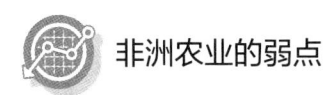

非洲各国这种农业被称为种植园农业，农户多以单一种植（单一经济）为基础。

这样的农业形态的弱点就是，由于经营没有多元化，风险较大，很容易受到市场情况的影响造成收入不稳定。这些国家种植经济作物并出口换取外汇，再用这些外汇来进口粮食，因此无法储备外汇。

下一页的图中显示了非洲营养不良人口的比例、人均名义GDP、年均人口增长率，以及联合国维和行动实施国和地区。

从这些图中可以看出，以西非为中心，年均人口增长率较高，由此可以看出在这些国家有利用儿童作为劳动力的倾向。因此，人均名义GDP较低，营养不良人口的比例较高。而在撒哈拉以南的国家，由于资源和民族边界问题，地区冲突频繁，政局不稳定，农田被荒废了。因此，即使是在联合国维和行动实施的国家和地区，营养不良人口比例也较高。此外，由于超过自然周期的过度放牧和过度耕作，导致土地沙漠化的进程加快，使得粮食生产变得更加困难。

非洲和欧洲的经济联系和历史

NO.
80
UNDERSTANDING
ECONOMICS :
A STATISTICAL APPROACH

非洲各国的宗主国与贸易

1960年被称为"非洲年"。因为在这一年，有17个国家从殖民地统治中获得了独立。现在非洲大陆上有54个国家，其中大部分曾经历过英国、法国等欧洲国家的殖民统治。

英国为了保障南北方向的路线，采取了纵向政策，势力范围为从埃及到现在的南非共和国。法国则采取了连接撒哈拉沙漠和非洲大陆东部的横向政策。

在这个"纵"和"横"交会的苏丹，英法两国发生了冲突，但法国作出了让步，苏丹被纳入了英国和埃及的共同统治之下。

荷兰经济学家廷伯根曾提出："两国之间的贸易额会随着两国经济规模和距离的增加而增大。"今天的非洲各国，虽然与各自的邻国也有互相贸易，贸易额也呈增长趋势，但这并不是全部。非洲各国的贸易对象，仍然主要集中在旧宗主国，即欧洲各国。

例如，位于非洲大陆东部海域的国家马达加斯加是法国的旧殖民地，现在，法国仍是马达加斯加的最大贸易伙伴。

下表显示了区域内和区域间的商品贸易额。我们可以通过这个表看出，非洲各国的贸易额中，非洲内部贸易额要比对欧洲的贸易额小得多。

环境与数据
—— 上天赋予的地理优势

第6章

区域内和区域间商品贸易额（2014年）

单位：10亿美元

地区＼地区	北美	中南美	欧洲	独联体国家※	非洲	中东	亚洲	世界
北美	1251	214	379	17	43	79	504	2493
中南美	173	179	114	9	18	17	170	695
欧洲	540	119	4665	218	221	229	738	6810
独联体国家※	28	7	385	131	16	22	134	735
非洲	39	29	201	2	98	18	152	555
中东	99	11	148	7	36	113	694	1288
亚洲	1065	185	900	127	207	302	3093	5917
世界	3195	744	6792	512	639	780	5485	18494

※独联体国家指俄罗斯等苏联的成员国

关注点

非洲对欧洲的贸易比非洲内部的贸易更繁荣

数据来源：世界贸易组织

非洲与欧洲之间的贸易内容

非洲国家与欧洲，特别是与法国、意大利、西班牙等地中海对岸的国家的贸易额正在增长。许多非洲国家，出口仍然主要依赖于初级产品，并从外国进口机械和汽车等物品，非洲与欧洲国家间目前的贸易形态依然是垂直贸易。然而，也有像南非这样的国家，宝马公司很早就在南非设立了工厂（1973年），现在南非的最大出口商品是汽车。

南非拥有丰富的铁矿石和煤炭资源，可以让宝马公司在当地采购到所需原料，工资水平也相对较低。而南非的人口增长率为1.34（2019年），相对较高，如果能保持政治稳定，预计未来国内市场还将继续扩大。

从新城来理解城市·人口·经济的联系

NO.
81
UNDERSTANDING ECONOMICS :
A STATISTICAL APPROACH

> 英国和日本的新城

工业革命在18世纪60年代发生在英国。这促使人口向伦敦集中，从而产生了各种城市问题。

英国的埃比尼泽·霍华德在他的著作《明日的田园城市》中提出，理想的城市建设应该满足：①城市与自然的共生；②规模为3万人左右；③具备工作、居住、学习和娱乐的全部功能。基于这些理念，1903年在伦敦郊区建造了莱奇沃思，1920年建造了韦林花园城。这些花园城市都具有工作场所临近居住场所的特点。

以这些花园城市的成功为基础，英国1944年发布了大伦敦计划，1946年制定了新城法。英国在伦敦市区周围设立林带以限制市区的扩张，并在其外部建造新城。而在日本，这些"花园城市"在日语中被称为"田园都市"。

在日本，涩泽荣一等人于1918年成立了田园都市株式会社，并开发了洗足田园都市（现在的东急目黑线洗足站周边）和多摩川台地区（现在的大田区田园调布到世田谷区玉川田园都市）。这个田园都市株式会社就是现在的东急集团的起源。东急电铁经营的田园都市线的梶谷站到中央林间站之间的地区被称为多摩田园都市，"田园都市"这个名称现在仍然很常见。

日本的新城大多是为了分散高度经济增长时期聚集在城市中心的

人口，而在郊区的丘陵地区建设的。因此，许多新城都采用"××之丘"这样的名称。此外，这些新城开发多是将大片土地建设为住宅地并分割销售。与英国的新城不同，日本的新城更多地具有住宅型卫星城市（位于大城市附近，分担大都市一部分功能的城市）的性质。因此，这些新城的居民常常需要长距离、长时间的通勤到城市中心。

日本首个大规模新城是大阪的千里新城，1962年开始入住。《奥特曼》中出现的古代怪兽哥莫拉在六甲山附近降落后，就是出现在千里新城镇的。虽然拍摄本身是在东京近郊的多摩新城进行的。这一镜头于1967年1月8日和15日播出，可以说是反映那个时代的一个镜头。

下图显示了1960年至2000年东京中心（东京23区）和郊区（23区外的东京都地区，神奈川县、埼玉县、千叶县）的人口自然增长和社会增长。

1960—2000年部分年份中心城区和郊区的人口变化

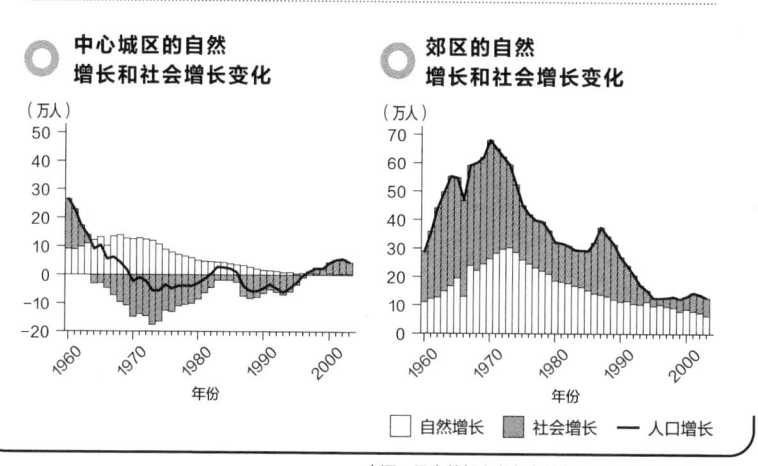

○ 中心城区的自然增长和社会增长变化

○ 郊区的自然增长和社会增长变化

□ 自然增长　■ 社会增长　— 人口增长

来源：日本首都大学东京前期考试 地理（2010年）

从东京周边郊区在 1970 年前后的人口增长中可以看出,"自然增长"和"社会增长"的峰值是错开的。这是由于生活在城市中心的人们往往是在结婚和生育时,从城区的狭小住宅搬迁至住宅费用较低、居住环境良好的郊区的。结婚和生育带来人口的自然增长,这正发生在日本每年出生人口超过 200 万的第二次婴儿潮(1971—1974 年)期间。与之相应的是,最开始入住新城的家庭中,大约有 60% 的家庭的户主年龄在 25 至 35 岁。

而到了 20 世纪 80 年代后期,可以看到虽然人口"社会增长"较高,但"自然增长"数呈下降趋势。可以推测,这主要是未婚的年轻劳动者在郊区寻找廉价住房。当时正值日本经济泡沫(1986—1991 年),城市中心地价上涨,年轻劳动者难以找到住房。

从 20 世纪 90 年代后期起,东京市中心的人口"社会增长"从负转为正。人口开始重新流入市中心。这一时期正赶上经济泡沫破灭,市中心的地价下降,更容易在市中心找到住房。因此,最初搬入新城的第一代人的后代开始从郊区涌入城区。而最初搬入的第一代人仍然定居在郊区,此时新城迅速进入老龄化。

近年来,人口不仅发生社会减少,也开始出现自然减少。在东京都多摩市辖区内,自 20 世纪 90 年代开始,65 岁以上的人口比例就迅速增加,而且多摩市辖区的人口集中区比例已经达到饱和,今后不太可能出现人口增长。随着人口的减少和老龄化,税收减少,小学和中学停办或合并,社区组织稀疏,等等问题开始显现,也不得不开始考虑城市建设的无障碍化。可以说,城市建设迎来了新的阶段。

环境与数据 | 第6章
——上天赋予的地理优势

新加坡和马来西亚的汽油攻防战

NO.
82

UNDERSTANDING
ECONOMICS:
A STATISTICAL APPROACH

新加坡的四分之三油箱法

新加坡于 1965 年从马来西亚脱离出来独立建国。两国被柔佛海峡分隔，通过旧桥（新柔长堤 Causeway）和新桥（新马第二通道 Second Link）两座桥梁相连。

马来西亚是产油国，但也从沙特阿拉伯等中东国家进口原油。马来西亚从 2019 年 1 月开始试运行炼油和石化综合开发项目（简称"RAPID"）。为向 RAPID 项目提供燃料，马来西亚的原油进口量大幅增加。而由此炼制的汽油等石油产品，已经成为马来西亚的主要出口产品。

而新加坡凭借其位于马六甲海峡出入口的有利地理位置，对国际贸易企业提供的税收优惠，以及丰富的仓储能力，已经成为石油产品在亚太地区的供应中心。

让我们看看这两国围绕汽油打响的攻防战。

什么是四分之三油箱法？

"四分之三油箱法"是新加坡的一项法律，规定"新加坡人驾车进入马来西亚时，如果车辆的汽油表低于 75%，将被罚款"。

马来西亚的汽油价格大约是新加坡国内销售的汽油价格的三分之

一。马来西亚政府对一部分生活必需品（如大米、小麦、汽油等）提供补贴，并由此来控制价格。与周边国家相比，马来西亚的物价一直维持在较低水平。因此，许多人会为了加油，从新加坡入境马来西亚。

新加坡只有日本淡路岛那么大，却有大约570万人在那里生活。如果随着人口增长，无限制地增加汽车保有量，就将出现交通堵塞和空气污染等问题。因此，新加坡对汽车征收100%的购车税，购买300万日元的车需要支付600万日元。

在此背景下，即使有入境检查，政府依然不会愿意看到新加坡人只需过桥就可以轻松去邻国购买到便宜的汽油，因此，就制定了四分之三油箱法。新加坡是个岛国，唯一可以驾车前往的邻国就是通过两座桥相连的马来西亚。

向电动汽车的转变

新加坡在2020年财政预算案中宣布，计划在2040年逐步淘汰汽油车。为了保护国民的健康，应对气候变化，今后将建设以电动汽车（EV）为中心的汽车社会。与此同时，新加坡还计划将现有的1600个汽车充电点在2030年扩充为28000个。

然而近年来，新加坡的石油精炼主要委托给马来西亚和印度尼西亚，而新加坡主要进行转口贸易，石油产品的进出口也不可能完全消失。但是，电动汽车得到普及后，四分之三油箱法可能会被废除，最终成为人们回忆旧生活时的谈资。

环境与数据
——上天赋予的地理优势

第6章

从二氧化碳来解读今后的经济发展

NO.
83

UNDERSTANDING
ECONOMICS:
A STATISTICAL APPROACH

人均二氧化碳排放量

根据国际能源署（IEA）发布的统计，2017年主要国家的二氧化碳排放量中，发达国家呈下降趋势，发展中国家呈上升趋势。

二氧化碳排放量的测量使用了一种称为"生产碳排放量"的估算，这种计算方式把排放量计算在二氧化碳排放实际发生的国家。另一种计算方式是把零部件等产品生产时排放的二氧化碳计算为该产品的最终消费国的排放量，这种统计值被称为"消费碳排放量"。虽然有人提出，消费碳排放量可以更准确地衡量实际情况，但消费碳排放量的统计需要5年左右的时间。因此，当前通用的测量方法是生产碳排放量。

请看下表。1990年以来，中国、印度、韩国、伊朗、沙特阿拉伯、印度尼西亚等国的碳排放量急剧增加。在这些国家，由于人口增长和工业发展，不仅是总排放量，人均二氧化碳排放量的增加也非常明显。考虑到这里表示的是生产碳排放量，就很容易理解中国作为"世界工厂"，生产了大量的工业产品，所以碳排放量也非常靠前。在大约30年间，中国的碳排放量增加了大约4.6倍。

二氧化碳的总排放量和人均排放量

	二氧化碳总排放量（单位：百万吨）		人均二氧化碳排放量（单位：吨）	
	1990年	2019年	1990年	2019年
中国	2122	9826	1.86	7.02
美国	4803	4965	19.20	15.14
印度	529	2480	0.61	1.81
俄罗斯	2164	1532	14.59	10.64
日本	1042	1123	8.43	8.91
德国	940	683	11.84	8.23
伊朗	171	670	3.05	8.07
韩国	232	638	5.41	13.04
印度尼西亚	134	632	0.74	2.33
沙特阿拉伯	151	579	9.26	17.03
加拿大	420	556	15.15	14.63
世界	20521	34169	3.88	4.45

关注点

寒冷而广袤的国家，人均二氧化碳排放量往往较高

数据来源：英国石油公司

然而，增长更为显著的是不同燃料来源的碳排放量中来自煤炭的部分。请看下图。

煤炭来源的二氧化碳排放量的变化

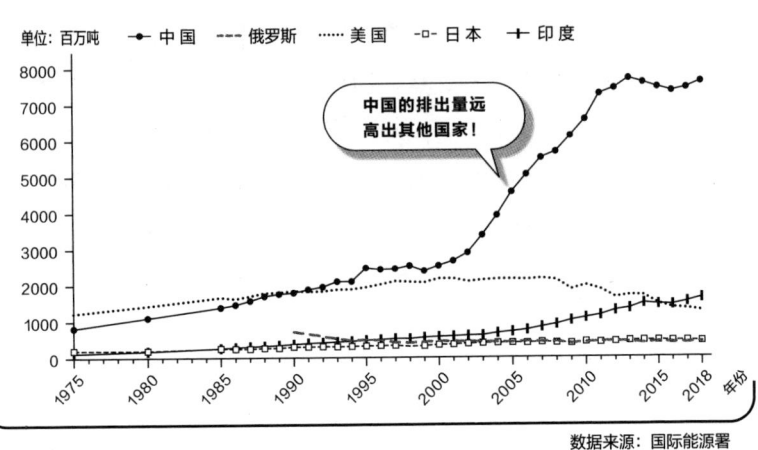

单位：百万吨　●—中国　---俄罗斯　……美国　-□-日本　—+—印度

中国的排出量远高出其他国家！

数据来源：国际能源署

中国是世界上最大的煤炭产出国，2018 年其由煤炭排放的二氧化碳占总排放量的 51.55%。另外，可能让人意外的是，韩国是未承担《京都议定书》二氧化碳减排义务的国家。没有承诺减排义务的国家通常会优先考虑经济增长，这可能导致二氧化碳排放量的增加。

为了实现脱碳社会

人均二氧化碳排放量大的国家包括美国、俄罗斯、韩国、加拿大、沙特阿拉伯等。这些国家有一些共同特点：①气候寒冷，所以使用暖气设备的频率高；②国土广袤，所以国内飞机移动的频率高；③节能意识较低。无论人口多少，这些国家的能源消耗量都较大。

在前一页关于二氧化碳的总排放量和人均排放量的表格中并未出现的，还有卡塔尔（31.27 吨/人）、科威特（21.22 吨/人）、阿联酋（19.99 吨/人）、巴林（19.24 吨/人）等中东石油国家。拥有丰富能源的国家通常消耗的能源也会多。而日本在 OECD 成员国中排名第九。

在日本，为了在 2050 年实现无碳社会，一些人已经开始讨论是否要引入"碳定价"（给二氧化碳排放量定价，让企业等承担成本）的问题。近来，许多地方公共团体都宣布要在 2050 年实现实际碳排放为零的目标。

实际碳排放为零意味着"二氧化碳等温室气体的人为排放量"与"通过森林等吸收的排放量"之间可以抵消，但并不意味着"完全不排放二氧化碳"。

结束语
一个地理老师的所见所感

从我的上一本书《地理上的经济学》出版至今，已经过去了 4 年多的时间。

在全国各地书店的销售推广下，我得以将本书送到了读者朋友们手中。

而我也因"对地理学的启蒙和普及作出贡献"而获得了 2017 年度的日本地理学会奖（社会贡献部门）。

虽然在历史学的时间尺度上，这只是很短暂的一段时间，但 4 年也足以积累大量的统计数据。

随着科技的进步和变革，既有许多新时代的新事物，也有许多即将完成社会使命退出历史舞台的旧事物。而在此期间，世界经济正在以前所未有的速度迅速变化着。

我每天都在代代木学校的讲台上向备考生讲授地理。我一直努力把从新闻中获取到的信息，在还新鲜的时候就讲给我的学生们。在此过程中，我意识到，当我用统计数据来讲述事物以何种方式发生了变化时，学生们的反应似乎格外好。使用统计数据可以使我的讲述更丰富也更具说服力。

究竟什么是"学习"呢？

你知道，截至 2018 年底，世界上地热发电比例最高的国家是哪里吗？

实际上，是肯尼亚。

肯尼亚的地热发电比例为46.18%。这一数字在2013年时还是21.01%，在短短几年间增长了一倍，超过了此前全球第一的冰岛。肯尼亚拥有丰富的地热资源，为利用这一"地利"，肯尼亚引入日本技术，使其地热发电产业得到了发展。如果只是说"肯尼亚的地热发电事业发展了"，那听者可能就只是附和一声"原来如此"，并不会有太大的反应。但如果加上"在过去的五年中增长了一倍"的统计数据，我们的讲述就更接近"经济的真相"了。这样或许就能激发听者的兴趣，"为什么会增长那么多？""是哪些公司做出了努力？""还有没有其他拥有类似'地利'的国家？"，这就是学习的开始。

为什么学地理的人如此之少？

根据2019年日本文部科学省初等中等教育局教科书调查官三桥浩志总结的"关于高中地理历史科目选择的地理学研究"，全日本高中的地理学平均选修率为54.7%。其中，地理选修率最高的是鹿儿岛县，达到了97%；最低的是爱知县，只有34%。地区间的差异是非常大的。

鹿儿岛县地理选修率高的原因，是因为当地对地理教育的观念较为积极，认为应该"平衡地理和历史的学习"，强调了地理教育的重要性。

然而，也有一些地区或学校，对地理教育的态度比较消极，以"选修地理的话可以报考的大学就少了"等为理由，不开设地理课程，导致学生也很少选择地理。或许确实有很多大学，在大学入学考试中，没有将地理设为可选科目。我们也不能忽视这个现实。

越是热衷教育的地区，往往地理选修率就越低。这里的"热衷教育"可以被解读为"重视大学入学考试"。为了考大学而使课程选修受到限制，这是大人们剥夺了学生们的学习机会。

我是因为"地理很有趣！"的原因，在大学也选择了地理学。

地理的有趣并不只是一时的，还能照亮自己的未来。我认为，地理学具有指引前路的深度。

然而，在今天的日本，许多地方的地理教育仍然是，只因为"这是考点！"就让学生们死记硬背山的名字、河流的名字、水稻产量排名前列的国家等知识。尤其在初中地理教育中，这一点特别明显。

从2022年度入学的高中生开始，新设立了必修的"综合地理"科目。这意味着所有的高中生将进入需要学习地理的时代。

我们必须停止现在这样，逼迫学生死记课本上标红的重要术语的授课方式。毕竟所谓"重要"的标准，只不过是大学入学考试的出题频率高低。竞争这样的东西到底有什么意义呢？

正如本书中所介绍的，通过了解统计数据的背景来了解经济的真相，解析为什么会有这样的历史，解读今后会有怎样的未来，这才是本来的学习应有的样子，不是吗？

将学习到的知识相互连接，形成一个故事，就能看到真正的经济形态，这就是为什么我认为"地理就是地球上的道理"。

我无法忘记我高中时代恩师曾说过的话："看似无关的知识也可以相互连接形成一个故事。随着知识的增加，这些知识相互连接，你能看到的世界就会越来越有趣。"

我至今仍深信这一点。

地理综合将如何改变日本？

日本高中的地理和历史教育正在发生巨大的改革。从 2022 年度入学的高中生开始，"地理综合"和"历史综合"将成为必修科目，这项改革试图实现我们一直以来期待的应有的教育理念：让学生们平等地学习地理和历史。在"地理综合"科目中，高中生们将重点学习地理信息系统（GIS）和防灾教育。

根据日本国土地理院的网站，地理信息系统是一种"以地理位置为线索，对与位置相关的数据（空间数据）进行综合管理和加工，将其视觉化，从而实现高度分析和快速判断的技术"。

在日本，在 1995 年 1 月的阪神大地震后，人们才正式开始了对 GIS 的研究。比如，"世界的大米生产集中在亚洲季风区"这个文字信息可能不好理解，但是如果有世界大米产量排名前 10 的国家的专题地图，就可以从视觉上直观地理解。这正如成语所讲，"一目了然"。而 GIS 软件就可以简单地制作这样的专题地图。国土地理院的"地理院地图"和"Google Earth"等也是 GIS 软件的一种。

此外，日本是一个自然灾害多发的国家，本应更加重视 GIS 和防灾教育。然而，向学校教育中引入这些内容却花费了很长的时间。在 2011 年的东日本大地震时，我们就应该更加努力疾呼地理教育的改革。但是，对已经过去的事情感到遗憾也无济于事。

收集大量的统计数据，然后通过 GIS 将其可视化，这也是接近真相的过程。有了灾害预测地图，我们需要根据具体情况，考虑向哪里逃生才能"保命"。这并没有绝对的正确答案。

不仅仅是地理教育，教育的目的本就是要让学生们能够自己找到正确答案。教师们必须抛弃长年累月使用的、沾满灰尘的教案，去思考"为了让学生能够独立,需要什么?",重新构建教学方法。"统计数据能说话!"我希望本书中展示的各种景观能成为你解读未来的启发。怀着这样的期待,我为本书画上句号。

感谢您阅读到最后,并期待未来再次见到您。

代代木学校地理讲师、专栏作家
宫路秀作

卷末资料

统计越比较越有趣

　　这里，我们将关注 14 组统计数据。每组数据中我们将会比较大约 20 年前的数据与现在的数据。在这 20 年间，世界是如何改变了它的面貌？人类创造了什么样的世界？在我们的脑海中，对于有些事物的认知可能还停留在 20 年前。让我们一起通过这些数据，让这些知识指针向现代移动吧。当我们俯瞰这个世界时，需要根据"事实"而不是"印象"来理解。

1　人口

　　虽然人口的前几位国家并没有发生大的变动，但是我们可以关注到印度、尼日利亚和巴基斯坦的人口显著增长。印度的出生率虽然正在下降，但是婴儿死亡率的下降更为明显，加之平均寿命有所延长，导致人口依然增长。而中国则因独生子女政策（1979—2016年），人口增长速度有所放缓。印度人口超过中国只是时间问题，预计这将发生在2027年。尼日利亚和巴基斯坦的婴儿死亡率显著降低，且仍保持高出生率，因此人口增长显著。人口停滞的国家是日本和俄罗斯，其背后的原因是急剧的少子化。

2000年 单位：千人

排名	国家	人口
第1名	中国	1267430
第2名	印度	1056576
第3名	美国	282162
第4名	印度尼西亚	211514
第5名	巴西	174790
第6名	俄罗斯	146597
第7名	巴基斯坦	142344
第8名	孟加拉国	127658
第9名	日本	126843
第10名	尼日利亚	122284

2019年 单位：千人

排名	国家	人口
第1名	中国	1410080
第2名	印度	1366418
第3名	美国	328240
第4名	印度尼西亚	270626
第5名	巴基斯坦	216565
第6名	巴西	211050
第7名	尼日利亚	200964
第8名	孟加拉国	163046
第9名	俄罗斯	144374
第10名	墨西哥	127576

数据来源：世界银行

2　老年人口比例

2000 年，有 66 个国家已进入老龄化社会（65 岁以上的老年人口占比超过 7%）；到 2019 年，这个数字增加到了 97 个国家。全球范围内都出现了出生率的下降和随之而来的老年人口比例的上升。此外，在 2000 年全球还不存在进入超老龄社会（老年人口占比超过 21%）的国家，到 2019 年却已经出现了 7 个。尤其是日本，老年人口比例自 2000 年以来上升了 11.02%，正步入严重的少子老龄化社会。其他老年人口比例上升明显的国家还有马耳他、芬兰和葡萄牙等。从出生率开始下降到老年人口比例实际上升会存在一定的时间差，因此未来全球的老年人口比例预计还会进一步升高。

2000年		单位：%
第 1 名	意大利	18.28
第 2 名	瑞典	17.30
第 3 名	日本	16.98
第 4 名	比利时	16.87
第 5 名	西班牙	16.67
第 6 名	保加利亚	16.59
第 7 名	德国	16.49
第 8 名	希腊	16.45
第 9 名	葡萄牙	16.27
第 10 名	法国	16.06

2019年		单位：%
第 1 名	日本	28.00
第 2 名	意大利	23.01
第 3 名	葡萄牙	22.36
第 4 名	芬兰	22.14
第 5 名	希腊	21.94
第 6 名	德国	21.56
第 7 名	保加利亚	21.25
第 8 名	克罗地亚	20.86
第 9 名	马耳他	20.82
第 10 名	法国	20.39

数据来源：世界银行

3 移民人口

　　移民是指在现居住国以外出生的人,在联合国的统计中也包括"避难者"和"难民"。2020年的移民人口比2000年增加了1.0737亿人,达到了28060万人。移民人数最多的国家是美国,有大量来自墨西哥和印度等国的移民,总数达到5063万人。移民人数大幅增加的是德国。2015年,欧洲发生了"欧洲难民危机",来自中东各国和非洲各国的难民大量涌入欧洲——仅2015年,就有超过100万人,其中接受难民最多的国家是德国。此外,中东的石油生产国接纳了大量以就业机会为目的的移民,但这些国家也被指为移民提供恶劣的劳动环境。

2000年　单位:人

排名	国家	人数
第1名	美国	34814053
第2名	俄罗斯	11900297
第3名	德国	8992631
第4名	印度	6411331
第5名	法国	6278718
第6名	乌克兰	5527087
第7名	加拿大	5511914
第8名	沙特阿拉伯	5263387
第9名	英国	4730165
第10名	澳大利亚	4386250

2020年　单位:人

排名	国家	人数
第1名	美国	50632836
第2名	德国	15762457
第3名	沙特阿拉伯	13454842
第4名	俄罗斯	11636911
第5名	英国	9359587
第6名	阿联酋	8716332
第7名	法国	8524876
第8名	加拿大	8049323
第9名	澳大利亚	7685860
第10名	西班牙	6842202

数据来源:联合国

4　GDP

2019年的名义GDP（国内生产总值）的世界总额，与2000年相比增加了约2.6倍。GDP世界最高的是美国，但其在20年间的增幅约为2.1倍，增长幅度低于全球平均水平。增长明显的是中国和印度。与2000年相比，中国的GDP增长了约11.8倍，印度增长了约6.1倍。在中国和印度，巨大的市场带来了经济增长，需求增加，也吸引了外国企业的入驻。在上榜国家中，唯一一个GDP几乎持平的国家是日本。如果看名义GDP除以实际GDP得到的GDP平减指数，从1998年消费税提高到5%开始至2014年，日本的GDP平减指数一直呈下降趋势。2014年之后尽管开始上升，但增长幅度非常微弱。

2000年　单位：百万美元

排名	国家	GDP
第1名	美国	10252347
第2名	日本	4887520
第3名	德国	1943144
第4名	英国	1658116
第5名	法国	1362248
第6名	中国	1211331
第7名	意大利	1143829
第8名	加拿大	744774
第9名	墨西哥	707910
第10名	巴西	652360

2019年　单位：百万美元

排名	国家	GDP
第1名	美国	21433226
第2名	中国	14363485
第3名	日本	5082466
第4名	德国	3861124
第5名	印度	2891582
第6名	英国	2826442
第7名	法国	2715518
第8名	意大利	2003576
第9名	巴西	1847796
第10名	加拿大	1741497

数据来源：联合国

5 人口1亿以上的国家的人均GNI

一个国家的人口越多，人均GNI一般会降低。世界银行对高收入国家的定义是人均GNI超过12236美元。日本在2000年时曾是世界人均GNI最高的，但之后没有实现增长，现在位列美国之后。中国的收入增长最快，超过俄罗斯应该只是时间问题。俄罗斯、中国、巴西、印度尼西亚、菲律宾属于中等偏上收入国家（3956~12235美元），而印度、孟加拉国、巴基斯坦等南亚国家和埃及、尼日利亚等非洲国家则属于中等偏下收入国家。

2000年 （单位：美元）

排名	国家	数值
第1名	日本	38874
第2名	美国	36860
第3名	巴西	3642
第4名	俄罗斯	1738
第5名	中国	929
第6名	印度尼西亚	763
第7名	巴基斯坦	532
第8名	尼日利亚	524
第9名	印度	446
第10名	孟加拉国	369

2019年 （单位：美元）

排名	国家	数值
第1名	美国	65897
第2名	日本	41513
第3名	俄罗斯	11281
第4名	中国	9980
第5名	墨西哥	9603
第6名	巴西	8523
第7名	印度尼西亚	4012
第8名	菲律宾	3985
第9名	埃及	3114
第10名	尼日利亚	2173

数据来源：联合国

6 汽车生产数量

2019年，日本、美国、德国、法国等发达工业国家生产的汽车总数量，比2000年减少了。在2009年的雷曼冲击后这些国家大幅减少了汽车生产数量，虽然现在已经有所恢复，但还没有恢复到2000年的生产数量。韩国的汽车生产数量比2000年增加了，但自2011年达到高峰后，目前的生产数量呈下降趋势。汽车产量增长的是中国、印度、墨西哥等新兴国家。随着经济增长，汽车购买人数增加，可以就地采购原材料和相对较低的工资水平对海外汽车公司具有吸引力，许多海外公司为了占领市场，都在新兴国家设立了工厂。

2000年　　单位：辆

排名	国家	数量
第1名	美国	12799857
第2名	日本	10140796
第3名	德国	5526615
第4名	法国	3348361
第5名	韩国	3114998
第6名	西班牙	3032874
第7名	加拿大	2961636
第8名	中国	2069069
第9名	墨西哥	1935527
第10名	英国	1813894

2019年　　单位：辆

排名	国家	数量
第1名	中国	25721
第2名	美国	8822399
第3名	日本	8067557
第4名	德国	3742454
第5名	韩国	3506774
第6名	印度	3394446
第7名	墨西哥	3176600
第8名	西班牙	2268185
第9名	巴西	2014055
第10名	俄罗斯	1435335

数据来源：国际汽车制造商协会

7 农业生产值

农业生产值较高的国家多位于适合种植的气候环境下，并拥有广袤的国土。在中国、印度、印度尼西亚、尼日利亚这样的人口大国，发展农业是为了满足巨大的国内需求。美国、巴西、俄罗斯等国家则将大部分生产的农产品用于出口。近年来，巴西的大豆出口量和俄罗斯的小麦出口量都超过了美国，成为了世界第一。此外，伊朗的农业产值增长也很显著。2022年伊朗的人口约为8855.1万，不仅国内需求大，农业科学领域的学术论文数量也在增加。伊朗作为一个隐藏的农业大国，正在崭露头角。

2000年 单位：百万美元

排名	国家	数值
第1名	中国	180511
第2名	印度	100394
第3名	美国	98300
第4名	日本	75072
第5名	巴西	30519
第6名	意大利	29323
第7名	法国	28585
第8名	土耳其	27520
第9名	印度尼西亚	24988
第10名	墨西哥	23524

2019年 单位：百万美元

排名	国家	数值
第1名	中国	1064896
第2名	印度	463890
第3名	美国	175400
第4名	印度尼西亚	142329
第5名	尼日利亚	103949
第6名	巴西	81978
第7名	俄罗斯	59476
第8名	日本	59312
第9名	伊朗	58388
第10名	巴基斯坦	55185

数据来源：联合国

8 电子设备出口额

2000年电子设备出口额世界最高的国家是美国，但自此之后美国的电子设备出口额只有微小的增长，被中国等国家和地区超过，在2019年排到世界第四位。在这方面最引人注目的还是近年来成为"世界工厂"的中国。由于中国可以提供大量廉价劳动力，已经成为世界级的加工组装企业制造基地。中国香港地区人口少，本地市场规模很小，本地能制造的产品数量也有限，电子设备的出口主要将从中国内地进口的产品转口出口，也就是所谓的转口贸易。因此，随着中国内地的经济发展，香港的出口额也急剧增加。

2000年 单位：百万美元

排名	国家/地区	金额
第1名	美国	110335
第2名	日本	84465
第3名	德国	46165
第4名	新加坡	39235
第5名	中国台湾	34060
第6名	中国香港	31978
第7名	韩国	31836
第8名	墨西哥	26187
第9名	马来西亚	24132
第10名	中国	24023

2019年 单位：百万美元

排名	国家/地区	金额
第1名	中国	344800
第2名	中国香港	204379
第3名	中国台湾	135923
第4名	美国	123961
第5名	德国	123434
第6名	韩国	122567
第7名	新加坡	99523
第8名	日本	89209
第9名	马来西亚	69674
第10名	墨西哥	47009

数据来源：联合国贸易和发展会议

9 可再生能源发电量

近年来,考虑到环境保护,可再生能源的发电量正在增长。预计到2025年,可再生能源的发电量将接近世界总发电量的30%。可再生能源发电量最大的国家是中国,其发电量比2000年增加了232.5倍,其发电量现在占世界总量的26.1%。在日本及全世界,可再生能源发电量都在增加,这个趋势是确定的。特别是发电成本低廉的太阳能发电和风力发电具备较高竞争力,"可再生能源更便宜"正在成为世界的新常识。然而在日本,许多人依然持有"可再生能源是贵的"的老观念。

2000年		单位:TWh
第1名	美国	72.75
第2名	日本	16.56
第3名	德国	14.30
第4名	菲律宾	11.63
第5名	加拿大	9.20
第6名	芬兰	8.67
第7名	巴西	7.86
第8名	意大利	6.68
第9名	墨西哥	6.38
第10名	西班牙	6.24

2019年		单位:TWh
第1名	中国	732.33
第2名	美国	489.80
第3名	德国	224.10
第4名	印度	134.93
第5名	日本	121.16
第6名	巴西	117.65
第7名	英国	113.36
第8名	西班牙	77.49
第9名	意大利	67.62
第10名	法国	54.91

数据来源:BP plc(英国石油公司)

10 航空货物运输量

航空运输主要用于高价值产品的运输。主要运输的是半导体、集成电路等小型、轻量、高附加值的产品。由于航空运输可以实现快速运输，也用于运输需要保持新鲜度的商品，如肉类、鱼类、蔬菜等。2019 年，全世界的航空货物运输量与 2000 年相比增加到约 1.8 倍。这表明全世界范围内，上述这些商品的航空运输规模正在扩大。"世界工厂"中国的运输量急剧增加，在中国生产的智能手机、平板电脑等被运送到全世界的市场。另外，阿联酋和卡塔尔等国家和地区的当地机场已经成长为枢纽机场，因此航空货运量的增长也引人注目。

2000年 单位：百万吨公里

排名	国家	数值
第 1 名	美国	30172
第 2 名	日本	8672
第 3 名	韩国	7651
第 4 名	德国	7128
第 5 名	新加坡	6005
第 6 名	法国	5224
第 7 名	英国	5161
第 8 名	中国香港	5112
第 9 名	荷兰	4367
第 10 名	中国	3900

2019年 单位：百万吨公里

排名	国家	数值
第 1 名	美国	42498
第 2 名	中国	25395
第 3 名	阿联酋	14762
第 4 名	卡塔尔	12740
第 5 名	中国香港	11739
第 6 名	韩国	10664
第 7 名	日本	8919
第 8 名	德国	7764
第 9 名	卢森堡	7188
第 10 名	土耳其	6816

数据来源：世界银行

11 工业用水量

工业用水的需求量，会因为"能源需求的增加导致发电用冷却水的增加"及"工业活动的扩大导致制造用工业用水的增加"而增长。因此，我们可能会认为，工业用水在发达工业国家会呈增加趋势。但是，相比1997年，大多数发达工业国家的工业用水量已经减少或保持稳定。这背后的原因是，通过技术开发，这些国家即使用相对较少的工业用水量，也可以制造工业产品。而在这方面，我们必须注意的是中国用水量的显著增长。中国工业用水占总用水量的比例从1997年的17.62%增长到了2017年的22.32%。在经济增长显著的印度尼西亚，工业用水量也在急剧增长。

2000年		单位：千米³/年
第1名	美国	303.90
第2名	中国	92.55
第3名	俄罗斯	47.50
第4名	德国	37.80
第5名	加拿大	32.91
第6名	法国	21.10
第7名	印度	15.00
第8名	日本	14.01
第9名	乌克兰	13.50
第10名	意大利	12.50

2019年		单位：千米³/年
第1名	美国	248.40
第2名	中国	133.50
第3名	加拿大	33.12
第4名	印度尼西亚	24.65
第5名	法国	21.61
第6名	印度	17.00
第7名	巴西	12.72
第8名	日本	11.61
第9名	荷兰	9.45
第10名	菲律宾	8.25

数据来源：联合国粮食及农业组织

12　G20国家的人均二氧化碳排放量

二氧化碳排放量较大的国家主要受以下原因影响：国土面积广大且国内出行常利用飞机（美国、加拿大、澳大利亚），寒冷地区且频繁使用暖气设备（俄罗斯、加拿大），节约能源意识低（沙特阿拉伯），未被《京都议定书》规定强制减排（韩国）。中国虽然是全球最大的二氧化碳排放国，但因为人口众多，人均二氧化碳排放量相对较少。不过中国的人均排放量也从2000年的2.46吨/人增长到了2019年的6.84吨/人，增长速度仍然很快。目前，发达国家的排放量呈下降趋势，而发展中国家则呈增加趋势。

2000年　单位：吨/人

排名	国家	数值
第1名	美国	20.29
第2名	澳大利亚	17.59
第3名	加拿大	16.41
第4名	沙特阿拉伯	11.35
第5名	俄罗斯	10.06
第6名	德国	9.97
第7名	韩国	9.19
第8名	日本	9.05
第9名	英国	8.84
第10名	意大利	7.38

2019年　单位：吨/人

排名	国家	数值
第1名	澳大利亚	15.32
第2名	加拿大	15.25
第3名	美国	15.03
第4名	沙特阿拉伯	14.59
第5名	韩国	11.74
第6名	俄罗斯	10.99
第7名	日本	8.55
第8名	德国	8.40
第9名	南非	7.41
第10名	中国	6.84

数据来源：国际能源署

13 农业科学领域的学术论文数量

先进工业国也是先进农业国。因此，美国是农业科学领域学术论文数量最多的国家。近年来，中国和巴西的论文数量则增长显著。从 2000 年到 2018 年，中国从 451 篇增长到 12580 篇，巴西从 886 篇增长到 5234 篇。这背后的原因是，这两个国家都拥有较大的国土面积和广大的耕地，而且农业自古以来一直是主要产业。同样国土面积广大的印度和澳大利亚等国家在农业领域的科学研究也比 2000 年有所增加，但中国和巴西的增长更为显著。其他引人注目的国家还有韩国和伊朗。韩国从 179 篇增长到 1328 篇，伊朗从 41 篇增长到 1531 篇。

2000年		单位：篇
第1名	美国	4756
第2名	印度	1715
第3名	日本	1191
第4名	澳大利亚	1000
第5名	英国	974
第6名	德国	954
第7名	加拿大	920
第8名	巴西	886
第9名	法国	786
第10名	西班牙	765

2019年		单位：篇
第1名	中国	12580
第2名	巴西	5234
第3名	美国	5089
第4名	印度	3281
第5名	意大利	1767
第6名	西班牙	1657
第7名	伊朗	1531
第8名	韩国	1328
第9名	德国	1295
第10名	澳大利亚	1202

数据来源：美国国家科学基金会

14 地热发电量

　　地热发电主要在地热资源丰富的国家进行。尽管日本的地热资源量仅次于美国和印度尼西亚，但现在自然公园内的地热开发受到限制，温泉行业等也对地热开发持谨慎态度，地热发电产业一直处于停滞状态。地热发电不需要担心资源枯竭，可以进行稳定的发电，但几乎没有以地热作为主力电源的国家。近年来，地热发电量大幅增加的国家是肯尼亚。肯尼亚由于地质结构，拥有丰富的地热资源，借助日本的技术资本，地热发电产业得到了发展。肯尼亚的地热发电在其总发电量中所占的比例为46.18%，是全世界最高的。

2000年		单位：TWh
第1名	美国	14.09
第2名	菲律宾	11.63
第3名	墨西哥	5.90
第4名	印度尼西亚	4.87
第5名	意大利	4.71
第6名	日本	3.35
第7名	新西兰	2.92
第8名	冰岛	1.32
第9名	哥斯达黎加	0.98
第10名	萨尔瓦多	0.79

2019年		单位：TWh
第1名	美国	15.97
第2名	印度尼西亚	13.92
第3名	菲律宾	10.44
第4名	新西兰	7.51
第5名	土耳其	6.29
第6名	意大利	5.76
第7名	冰岛	5.75
第8名	肯尼亚	5.13
第9名	墨西哥	5.02
第10名	日本	2.28

数据来源：美国能源信息署

参考资料一览

本书主要引用了以下的书籍和数据库的统计数据。

书籍

公益财团法人 矢野恒太纪念会编《日本国势图集 2020/2021 年版》（公益财团法人 矢野恒太纪念会出版）
公益财团法人 矢野恒太纪念会编《世界国势图集 2020/2021 年版》（公益财团法人 矢野恒太纪念会出版）
二宫书店编辑部编《世界数据之书 2021 年版》（二宫书店出版）
联合国统计局编《联合国贸易统计年鉴 1961》（原书房出版）
联合国统计局编《联合国贸易统计年鉴 2010》（原书房出版）

数据库

he World Bank, World Bank Open Data
https://data.worldbank.org/

United Nations, Statistics Division
https://unstats.un.org/home/

International Labour Organization, ILOSTAT
https://ilostat.ilo.org/

International Energy Agency, Data and statistics
https://www.iea.org/data-and-statistics

BP plc, Energy economics
https://www.bp.com/en/global/corporate/energy-economics.html

The U.S. Energy Information Administration, ANALYSIS & PROJECTIONS
https://www.eia.gov/analysis/

Food and Agriculture Organization of the United Nations, FAOSTAT
http://www.fao.org/faostat/en/#home

Food and Agriculture Organization of the United Nations, Global Forest Resources Assessment 2010
http://www.fao.org/forestry/fra/fra2010/en/

International Monetary Fund, IMF DATA
https://www.imf.org/en/Data

Organisation for Economic Co-operation and Development, OECD Data
https://data.oecd.org/

World Steel Association, STEEL STATISTICS
https://www.worldsteel.org/steel-by-topic/statistics.html